大自然の大いなる
生命《いのち》の大親《おおおや》

講談社エディトリアル

大自然の大いなる生命《いのち》の大親《おおおや》

はじめに

夜空に輝く星々を眺めていて大宇宙の悠久を感じた時、壮大な山々や果てしなく広がる風景を見た時、感動とともに不思議な気持ちになったことはありませんか？

「自分の存在は何なのだろう」
「なぜ生まれてきたのだろう」
「宇宙やこの地球の素晴らしい自然はどうやって創られたのだろう」
「〝私〟のこの気持ちはどこからやってきたのだろう」
「生命《いのち》の根源は何なのだろう」

ふだんは考えない思いが色々と湧いてくるのではないでしょうか？

しかし、湧いてくる疑問の明確な答えは地球上のどこを探してもありません。世界のあらゆるところで、そして人類の歴史を通しても多くの哲学者や宗教家が「自己の存在」や「より良く生きること」を色々と考えてきました。哲学者や宗教家が難しく、一生懸命に考えても未だに答えは出ていません。残念なことに人間の考えでは答えを出すことができないのです。生命《いのち》も気持ち（魂）も宇宙も大自然に働いている真理法則も人間が創ったものではないから、人間にはわからないのです。

この本に書かれていることは、一人の人間が考えたような一つの思想ではありません。私たちの生命を含め全生物に生命を与えて下さり、宇宙を創り、すべての大自然の営みをして下さっておられる『生命《いのち》の大親《おおおや》』よりお授け頂きました事実の教えです。

地球は、今、存続の危機となるような大きな問題を抱えております。温暖化、宗教・宗派の争い、民族紛争、核兵器の問題。地球人の誰もがこの問題を早く解決しなくては地球が滅亡してしまうとわかっているでしょう。しかし地球人の今の意識では解決する方法が見つかりません。

子どもが危機に直面している時に親は子どもを必ず親心で正しい方へ導こうとします。人類という子どもが地球という瑠璃色の美しい惑星の中で悪さをしています。そして、「生きる」という本質や意味が全くわからないでいます。他の生物という妹や弟の生存を危うくしている悲しい現実を、大自然のすべての営みを行なっておられる「生命の大親」は黙って見てはおられません。地球の危機だからこそ、全生物の「生命の大親」であられる『大親神大生命《おおおやかみだいせいめい》』が今、地球に現れて下さり、大自然界の事実をお授けして下さっておられるのです。

「生命」というのは人間が創ったものではありません。植物も動物も私たち人間も、「大自然の大いなる生命のお力・お働き」によって生命をお与え頂いて、活かされ生きています。生きとし生けるすべてのものに生命をお与え下さっているということは、すべての「生命の大親の大生命」であると言えます。

「生命の大親の大生命」を『大親神大生命《おおおやかみだいせいめい》』とお呼びしています。

『大親神大生命』は全生物・全存在の生命の大親である「大自然の大いなる生命」を意味する言葉です。


『大親神大生命』のお授けを頂き、あるのが当たり前と思っていた「生命」は実は、『大親神大生命』にお与え頂いた貴い「生命」だということに気づかせて頂きました。お授けを頂くことによって、『大親神大生命』が行なって下さっておられる大自然の事実を私たちは一つひとつ驚きと感動をもってわからせて頂いております。

しかし、お授けを頂いたといっても「大自然界」の大いなる営みはあまりにも偉大すぎて、すべてを理解することはできていません。ここに記されていることも私たちがお授けを頂いて理解させて頂いた範囲なのです。

『大親神大生命』のお授けを一つでも頂くと今までの自分にはなかった新鮮なプラスの気持ちを頂くことができます。「生命の大親」の愛に包まれて活かされ生きていることに目覚めさせて頂くと、存在していることに対する喜びが湧き上がってくるのです。今まで意識していなかった「自分の存在」が、大自然の大いなる営みの中で大切な役割を持って生まれてきていることに気づくことができるのです。「生命の大親」に活かされ生きていることの「感謝」の気持ちでいっぱいになり、毎日が喜びにあふれた日々になります。未来は輝いている、そんな気持ちを頂くことができるのです。運命・環境は同じでも、気持ちがプラスになることで住んでいる世界が大きく変わるという初めての体験をされることになると思います。

そして、あなたの気持ちが大自然の真理・摂理に沿ったプラスに変わることは、地球の新しい生き方の種となり、地球を救うことになるのです。すべての営みをして下さっておられる『大親神大生命』は、一人でも多くの人が地球の新しい生き方の種になってほしいと願われ、お授けをして下さっておられます。

この本を読んで、「生命の大親」の御存在がわかり、この世の中ができている掟を悟り、新しい生き方に挑戦するあなたは、地球の素晴らしい未来を担う立派な種なのです。

子どもが素直に新しい知識を吸収するように、この本に書かれている「生命の大親」が行なって下さっている「大自然界」の事実を「そうだ！」と思って実感していくと、あなたの感じ方、生き方が大きく変わっていくに違いありません。あなたの気持ちが大自然界の真理法則に沿ったものになっていけば、あなたの気持ちを『大親神大生命』が感じて下さり、あなたの気持ちに見合った素晴らしい運命や環境をお与え下さるのです。

一人の運命・環境がプラスになれば、それだけ地球はプラスの星になっていきます。一人の人が蒔いたプラスの種は一粒万倍になって生えてくるからです。「大自然界」の大いなる事実に目覚めることはそのくらい〝驚異的な出来事〟なのです。

この本を読んだあなたの魂には「大いなる目覚め」がきっとあるはずです。

私たちの母なる惑星「地球」が、生命の感謝と喜びに満ちあふれた素晴らしい惑星に生まれ変わるために、大自然の真理法則に沿った生き方の種蒔きを、あなたが立っているその場所から始めてみませんか。

自分にしかできない、地球の新しい生き方の種とならせて頂くために、今から一歩踏み出してみませんか。

目次

第三章　「大自然の真理法則」

～大自然界を成り立たせている根本の原理～　

十元の理法とは 128

第五章　大自然界の真理法則に沿って より良く生きる

第一章

『大親神大生命《おおおやかみだいせいめい》』

～すべての「生命《いのち》の大親《おおおや》」～

私たち人類は大昔から「自分たちを守ってくれる何か大いなるもの」「何でもできる超越した大いなる存在」として「神」を求めてきました。そして世界中にはたくさんの「神」が存在しています。

それらの神様は人間が自分たちの観念でもって想像で創った神様なので「すべてに通用する神」ではないのです。その結果、世界中のあらゆるところで歴史を通して宗教・宗派が違うということで争いを続けております。地球という星の悲しい事実です。

このことに気が付いている人もいるのですが、解決する方法が見つかっておりません。

「神」というのは崇高な存在で、人々の心の拠り所で、信じる人にとっては生命をも捧げられるものですから、それを取り上げることもやめさせることもできないというのが多くの人の考えだと思います。その通りだと思います。

ではどうすれば良いのでしょうか？

地球人類の一人でも多くの人が、宗教・宗派、民族、人種を超越した、人間、動物、植物すべてに働いている「大自然の大いなるお力・お働き」に目覚めれば良いのです。永遠・普遍の「神の本質」に気づかせて頂くことができたら、宗教・宗派の争いなど絶対に存在しなくなります。

大自然の大いなる生命のお力・お働きは、その働きをもって事実であることを証明しております。なにも難しく考える必要はありません。大自然の事実を事実通りに素直に認識して、その大いなる営みを実感すれば良いのです。

大自然の大いなるお力・お働きによってこの世の中が成り立っている、その中で今日も活かされ生きていると思うと、今こうやって自分が存在していること自体が大いなる奇跡である気がしてきます。そうすると大自然の大いなる営みをして下さっている大いなる御存在、『大親神大生命《おおおやかみだいせいめい》』に対し奉り大いなる感謝の気持ちが湧いてきます。

その気持ちは幸福感であふれています。幸せな気持ちを持った人が相手を苦しめるようなことはできません。幸せだからこそ、相手の幸せを願いたくなるのです。

あなた自身が、そして地球が幸せになる第一歩は、大自然のすべての「生命《いのち》の大《おお》親《おや》」の御存在に目覚めること以外にはないのです。

私たち人間は、新生児の時は自分の親を「親」であると認識することはできません。ある時から「親」として認識することができるようになり、そばに「親」がいないと不安になって泣き叫んでしまいます。それほど「親」の存在は大事なものです。人間の親子関係でもそうなのですから、大自然の大いなる「生命の大親」である『大親神大生命』がわからずに生きている人類が、不安を持ちながら生きてしまうのは当然なのです。

これから人類が『大親神大生命』という、全生物にとっての永遠普遍なる「生命の大親」の御存在に目覚めさせて頂き、大きな「生命の愛」を実感することができたら、「安心感」を永遠に得ることができるのです。生きる喜びと感動を持って生きていけるようになるのです。「生命」、「生きること」を大切にしていく生き方に大きく変わることができるのです。

『大親神大生命』は大自然の大いなる生命のお力・お働きです

大自然には大いなる生命のお力・お働きがあります。地球人類の宗教・宗派や人種・民族の区別なく、人間や動物・植物の区別もなく、全生物は「大自然の大いなる生命」のお力・お働きによって生命が与えられ、誕生し、大自然の営みの中に活かされ生きております。

この民族だから、この動物だから、この植物だから、大自然の力は働きません！ということはあり得ないのです。

「大自然の大いなる生命」のお力・お働きは人間の民族や国籍・宗教などにも全く関係なく動物・植物の区別すらなくすべてに働いているのです。「生命」に宗教・宗派・民族・国家の違いなど関係ないのです。人間・動物・植物も同じ「生命」を頂いて、活かされ生きているのです。

もし、この「大自然の大いなる生命の営み」がなかったとすれば、全生物も生きていけませんし、宇宙も存在することはできません。「大自然の大いなる生命の営み」がなければ大自然のすべてが存在しないし、大自然のすべてが成り立たないのです。

しかしこの「大自然の大いなる営み」を地球人は当たり前のこととして生きており、「大自然の大いなる生命」に対して感謝させて頂いたことがありませんでした。「大自然の大いなる生命」のお力・お働きに目覚め、「大自然の大いなる生命」の営みという事実・真実に目覚めることが、新しい生き方の第一歩なのです。

『大親神大生命』はすべての「生命の大親」です

「大自然の大いなる生命」のお力・お働きによって全生物は生命を与えられ、活かされ生きております。したがってこの大自然の「大いなる生命」は全生物の「生命の大親」です。大自然の森羅万象のすべてを営んで下さり全生物に生命をお与え下さっておられる「生命の大親」の御存在を『大親神大生命』と呼ばせて頂いています。

『大親神大生命』とは全生物の大親であり、人ではないので、敢えて崇高なる意味の『神（かみ）』という文字を使って『大親神大生命』とお呼びしています。

『大親神大生命』とは、大自然の大生命の事実を意味している言葉です。子どもが「お父さん、お母さん」と呼ぶのと同じように、『大親神大生命』は「生命の大親」の実質的な存在を意味しているのです。


「お父さん、お母さん」と呼ぶ時には、お父さんやお母さんの存在を実感して呼びませんか？　それと同様に『大親神大生命』とお呼び申し上げる時には「生命の大親」の実質的な御存在を実感して頂きたいのです。その実感を「真実感《しんじつかん》」といいます。

大自然の「大いなる生命のお力・お働き」である『大親神大生命』の親御存在《しんごそんざい》（『大親神大生命』の御存在を親御存在といいます）が真実感できたら、「生命の大親」の愛に包まれている気持ちを頂くことができます。永遠普遍の「親」に守られている「安心感」を常に持って生きていくことができるのです。この「安心感」こそがいつまでも続く幸福感なのです。

『大親神大生命』の親御存在を真実感させて頂いたら、「親感謝《しんかんしゃ》」の気持ちが湧いてきます。『大親神大生命』は大自然のすべての営みをして下さっておられる全生物の「生命の大親」なのですから、『大親神大生命』に対し奉り親感謝する生き方が新しい人類の生き方として一番大事なことなのです。

『大親神大生命』に対し奉り行わせて頂く感謝を「親感謝」といいます。「生命の大親」にすべてのことをして頂いていると感じた時に湧いてくる、大いなる感謝の気持ちです。

全生物は『大親神大生命』の「生命の家族」です

『大親神大生命』はすべての生命《いのち》の「大親」です。大自然界の生命あるすべての存在は『大親神大生命』の貴い生命の一部（一理《いちり》）を頂いています。したがってすべての生命ある存在は『大親神大生命』の「生命《いのち》の御子《みこ》」だといえます。人間は植物、動物、人間と区別をしていますが、『大親神大生命』からご覧になられたら、すべての存在が『大親神大生命』の大事な生命を分け与えて頂いた同じ「生命の御子」なのです。生命の段階では、植物も動物も人間も違いはないのです。すべてが『大親神大生命』の「生命の御子」で「生命の家族」なのです。

『大親神大生命』の「生命の家族」という意識に目覚めたら、同じ家族の動物を絶滅させるようなことはしなくなるはずです。できなくなるはずです。地球という同じ星に住む「生命の家族」の全員が素晴らしく生きていけるよう、万物の霊長である私たち人類は、弟、妹にあたる他の生物のために努力していく必要があるのではないでしょうか。

『大親神大生命』は大いなるエネルギー・生命力働そのものです

大自然の大いなる生命のお力・お働きによって全生物は誕生して、肉体的に活かされ生きています。大自然界そのものも、この大自然の大いなる生命の営みにより創造され、現されているのです。大自然界の大いなる生命の営みが無ければ全生物の生存も、宇宙の存在・現象もあり得ないのです。大自然界のあらゆる現象・存在は大自然の大いなる生命のお力・お働き、つまり『大親神大生命』の大いなる「生命」の力と働きによってなされているのです。「生命」とは「何かをする力と働き」、生命エネルギーのことなのです。

『大親神大生命』のこの「生命」とは能動的に何かをする力と働きです。そして何でもできる「汎用性」のある力と働きなのです。このことを「生命力働《せいめいりきどう》の理」といいます。

『大親神大生命』は生命力働そのものなのです。

物理学でいうエネルギーの根源的本質は、『大親神大生命』の「生命力働の理」のことなのです。大宇宙の始まりであるビッグバンも『大親神大生命』の大いなる「生命力働」であるエネルギーによってなされております。物質的存在や現象のすべてが『大親神大生命』の「生命力働の理」である大生命エネルギーによってなされているのです。

『大親神大生命』は大自然の大いなる御心・意志です

大自然には大いなる意志の働きと御心《みこころ》があります。『大親神大生命』は大いなる御親愛、意志、御心をお持ちになっておられるのです。しかし、残念なことにこの惑星地球の人類は、大自然のすべての事柄を自然のこと、当たり前のこととして、大自然の大いなる意志や御心を全く気にも留めていません。人間は自分たちの心や気持ちや意志は認めているのに、大自然の大いなる御心や意志は全くわかっていないのです。

何かを作る時には、必ずそこにはそれを作ろうとした人の気持ちや意志がありま す。「何かを作ろう」という気持ちがないと何も存在しません。例えばお母さんがカレーライスを作ってくれたとします。そこにはお母さんの「カレーライスを作ろう」という意志が働いたから、実際にカレーライスができたのです。お母さんにカレーライスを作るという気持ちがなかったら、カレーライスはできないのです。

「存在」の背後にはそれを存在させようとする「意志」が必ずあります。ビッグバンから宇宙が始まったこと、宇宙がこのような形で成り立っていること、地球が自転しながら太陽の周りを公転していること、地球にこれだけの生物を誕生させて下さったこと、大自然界の真理法則、『大親神大生命』はありとあらゆることを御意志によってお創り下さっているのです。私たちの体も、運命・環境のすべてにも『大親神大生命』の御意志が働いているのです。

皆さんは意外だと思われるかもしれませんが、宇宙や物質の始まりを研究している物理学者や生命の誕生・生命現象を研究している生物学者の多くの方が、研究をすればするほど、そこに「神の意志」を感じると話しています。事実をもって事実を追究していく「科学者」が、研究すればするほど、宇宙や物質が構成されている仕組には「神の大いなる意志」を感じずにはいられないそうです。

『大親神大生命』という大自然の大いなる生命のお力・お働きは、大自然界のすべての営みをして下さっているのですから、私たち地球人は大自然の大いなる御心と意志を理解させて頂き、その大いなる愛の御業《みわざ》に親感謝させて頂くべきではないでしょうか。

『大親神大生命』の大いなる御心を理解し、その大いなる営みに常に親感謝をして日々を送り、大自然の真理法則に沿った生き方をさせて頂くことが地球の平和の第一歩となるのです。

『大親神大生命』は永遠普遍なる親御存在です

『大親神大生命』は永遠普遍の親御存在です。『大親神大生命』は大いなる生命であり、大親生命力働《おおおやせいめいりきどう》（大生命エネルギー）そのものです。生命力働はエネルギーであるがゆえに、永遠です。物理学の「エネルギー保存の法則」にあるように、エネルギーは永遠になくならないからです。

『大親神大生命』は永遠なる親御存在であり、『大親神大生命』よりその生命の一部を頂いている「生命の御子」の全生物は、永遠の生命を頂いているのです。

『大親神大生命』の大いなる生命のお力とお働きは、大宇宙に無限に広がっています。『大親神大生命』は大親生命力働をもって、138億年前のビッグバンによりこの宇宙を現して下さいました。宇宙には数千億もの銀河があり、そのうちの一つである天の川銀河だけでも2000億の恒星があります。そのうちの一つである太陽系の地球に私たちは活かされ生きています。宇宙にはそれくらい膨大な数の星があるのですから、地球のような生命現象のある惑星が他に存在するのは当然のことです。生命は空間を超えて、普遍に無限に広がっております。このすべての宇宙のすみずみまで、同じように『大親神大生命』のお力・お働きは働いているのです。

「生命の大親」である『大親神大生命』は、永遠普遍なる親御存在であり、私たちすべての生命の御子を永遠普遍に生かし続けて下さっているのです。『大親神大生命』の大いなるお力・お働きはいつ、どこにでも、誰にでも、何にでも働いています。『大親神大生命』は永遠で、普遍で、無限なる親御存在なのです。

『大親神大生命』はすべてに絶対必要不可欠な親御存在です

『大親神大生命』は、いつでもどこでも時空間を超えて、何にとっても、誰にとっても絶対必要不可欠な親御存在です。

『大親神大生命』の親御存在がなければ、全生物は誕生することも生きていくこともできません。40億年前からの地球の生命の営みも、138億年前の宇宙の始まりも、大自然の大いなる生命のお力・お働きである『大親神大生命』の親御存在がなければあり得ないことです。『大親神大生命』の大いなる生命のお力・お働きは、いつ、どこでも、誰にとっても、何にとっても、なくてはならない親御存在なのです。絶対に必要不可欠なる存在というのが「神の本質」なのです。

一方で人間が観念の産物として創造した宗教・宗派の神仏は必要不可欠なものではありません。地球に生命の営みが始まった時には、宗教・宗派は存在していませんでした。例えば、恐竜時代に宗教は存在しておりませんでしたが、大自然の大いなる営みによって全生物が活かされ生きていました。このことからわかるように宗教・宗派の神仏は全生物の生存とは全く関係ないのです。

『大親神大生命』の大いなるお力・お働きは人間が信じる・信じない、好む・好まないを超えて絶対的に働いている大いなる生命のお力・お働きなのです。私たち人類は、『大親神大生命』によって大自然のすべてをして頂いているにもかかわらず、それを「当たり前のこと」としてしか捉えることができておりませんでした。もし、『大親神大生命』のお力・お働きがなかったら、すべては存在することができないのです。

「今、この瞬間にどれだけの大いなるお力・お働きが働いていてすべての存在・現象が現されているのだろうか」。そう考えると、一瞬一瞬が奇跡的な出来事に思えてくるのではないでしょうか。

『大親神大生命』は「根源的全体・親の理」の親御存在です

親がいるから子がいます。親がいなければ子は生まれません。子は親がいてこそ生まれるということは当たり前のこと、当然のことです。このことを「親子の原理」といいます。

したがって、全生物・全存在は大自然の大いなる生命のお力・お働きである『大親神大生命』によって現されている「子の理」であり、『大親神大生命』は「親の理」です。

『大親神大生命』はすべてを現して下さっている「根源的全体・親の理」であり、『大親神大生命』という大自然の大いなる生命のお力・お働きによって現されている、すべての生物、すべての存在、現象、事柄は『大親神大生命』の「派生的部分・子の理」なのです。

『大親神大生命』によって現して頂いている私たちには生命《いのち》があります。そして、心・気持ち・意識を持っています。この心・気持ち・意識の部分を「生命霊《せいめいれい》」といいます。そして肉体を持っています。「派生的部分・子の理」である私たちが「生命・気持ち・肉体」を持っているということは「親子の原理」により、「根源的全体・親の理」の『大親神大生命』は「大いなる生命」であり、大いなる御心・意志をお持ちであり、大いなる肉体（大宇宙）をお持ちであることは当然のこと、当たり前のことなのです。『大親神大生命』はすべての生命の大親であり、大自然界におけるすべての根源であり、根源的全体の親御存在です。

『大親神大生命』がこの大自然界を創造し、すべての生命の御子に生命を与え生かして下さっています。『大親神大生命』という大自然の大いなる営みをして下さっている親御存在と、その大いなる生命の一部を頂いている自分とは親子関係にあります。

そして『大親神大生命』は大いなる大親心《おおおやごころ》をお持ちになっておられます。人間の心よりももっともっと大きな親心、大親の生命的愛をお持ちになっておられます。しかし私たち人類はこの『大親神大生命』の親の愛を全く感じずに今まで通ってきました。

『大親神大生命』が全生物の生命の大親であることに目覚めさせて頂いて、『大親神大生命』の絶対的な愛を感じることができたなら、どんな毎日を送れるでしょうか？『大親神大生命』の生命の愛に包まれていることを実感して一日一日を通ったら、気分良く充実感に満ちた日々を過ごせるはずです。『大親神大生命』は大きな愛情をもって生かして下さっておられるのに、子供の方が「親の心、子知らず」で、『大親神大生命』の御心がわからずに今まで通ってきてしまったのです。

『大親神大生命』という永遠普遍なる「生命の親」をわからせて頂いた私たちは、『大親神大生命』に親感謝《しんかんしゃ》申し上げ、もっともっと感動と喜びを持って生きる必要があるのではないでしょうか？　この生き方こそ『大親神大生命』が一番お喜び下さる生き方なのです。

『大親神大生命』は大自然界を創造しすべてを生かして下さっている貴い御存在です。この生命の貴さを真実感させて頂いたら、きっと目先の我欲のために相手を痛めつける気持ちにはならないはずです。相手も『大親神大生命』の一部を頂いた貴い存在なのですから。そして何よりも『大親神大生命』がいつも温かく見守って下さっておられることを感じていたら、相手を攻撃する気持ちはきっと消えていくはずです。

『大親神大生命』はすべての創造主です

『大親神大生命』は大自然のすべての創造主です。大自然のすべては『大親神大生命』の生命力働(大生命エネルギー)によって創造されています。『大親神大生命』の生命力働はあらゆるすべての存在・現象の根源であり、創造源です。そして、そこには「こういうものを創造しよう」という御意志がすべてに働いているのです。したがって、宇宙・銀河、地球、人間の体の仕組、すべてに『大親神大生命』が「このように創造しよう」という御意志が働いているのです。

「何かが存在している」ということは、そこにはそのように創ろうという意志が必ず働いています。例えば目の前にグラスがあったとします。このグラスには「こういうものを創ろう」と思った人の意志が働いているから、この形、この大きさ、この色になって存在しているのです。「こうしよう」という意志がなくて、物だけが突然発生して存在するというのはあり得ません。

この事実がわかると、大宇宙があること、地球にこれだけの生物が生きていること、目が見える仕組があること、様々な物質があること、……、そこには『大親神大生命』の絶対なる愛と御意志が働いてお創り下さっているものだと感じることができます。窓の外を見た時に太陽が輝き、雲が流れていて青空が広がっています。そのすべてに『大親神大生命』の大いなる御意志が働いて、そのようにして下さっていることを思うと胸が熱くなってくると思います。大自然のすべてを創造して下さった『大親神大生命』の親御存在と大いなる意志に気づかせて頂き、その親御存在を真実感させて頂くと、ものの見え方や感じ方がまるで違ってきませんか。今までと同じ環境の中で生きているのですが、『大親神大生命』がお創り下さった素晴らしい世界に住まわせて頂いているという喜びや感動が湧いてくるのではないでしょうか。

『大親神大生命』は大自然界のすべての営みをして下さっておられます

『大親神大生命』は「大自然界」のすべての存在や現象を大親生命力働《おおおやせいめいりきどう》（大生命エネルギー）により現して下さっておられます。全生物の生存も大宇宙のすべての存在も『大親神大生命』の大いなる営みによってなされているのです。『大親神大生命』は永遠普遍の真理法則を設定して下さり、この大自然の大いなる真理法則に沿ってすべての営みをして下さっておられます。『大親神大生命』のこの大いなる大自然の営みは、人間の宗教・宗派、人種、民族の違いなど全く関係なく働いています。動物や植物の違いすらも超えて働いているのです。この大自然の大いなる営みがなければ、大自然のすべてが存在しないし、大自然のすべてが成り立たないのです。

『大親神大生命』のこの大いなる生命の営みを、私たちは自然のこと、当たり前のこととして親感謝も感動もなく生きています。今こそ、宗教・宗派やイデオロギーを超えて、大自然の事実に目覚める時ではないでしょうか。大自然の大いなる営みに親感謝して、喜びで通り、全人類・全生物が生命の一体感を持ち、調和し、大自然の大いなる秩序に沿って生きていくことができたら、平和に通ることができるのです。なぜなら『大親神大生命』は、この「大自然界」をすべての「生命の御子」がプラスの気持ちで素晴らしく発展していくための世界をお創りになっておられるからです。大自然のルールに沿って生きていけば、仲良く・幸せに生きていくことができるのです。

『大親神大生命』は知性・理性・感性の根源であり全能です

『大親神大生命』は全知性、全理性、全感性をお持ちになっています。『大親神大生命』はこの大自然・大宇宙のすべてを創造し、運営して下さっているのですから、御《ご》自親《じしん》がしておられるすべての事を知っておられます。この『大親神大生命』御自親の知性を「親知性《しんちせい》」といいます。私たち人間をはじめ「生命の御子」は『大親神大生命』の全知性（親知性）の一部を「知性」として頂いています。私たち人類は『大親神大生命』から頂いた知性を使って学問・科学を発達させて人間の文明・文化を創造し築いてきたのです。

『大親神大生命』は大自然のすべての運営を大自然の真理法則という絶対的な価値基準で理性的に判断し、決定をなされ、行なっておられます。『大親神大生命』の理性を「親理性《しんりせい》」といいます。『大親神大生命』の親理性は、すべての「生命の御子」にとってより根本的にプラスになることを判断して下さり、決定して下さり、すべての事柄を現象として現して下さっておられるのです。『大親神大生命』は全理性（親理性）をお持ちになっているのです。『大親神大生命』のこの「親理性」の一部を私たち人間は「理性」として頂いています。この能力を使って、よりプラスになる事柄を判断し、決定して人生という生存行為を行なっているのです。人間は理性によって、人間社会の価値体系を作り、それを基準に様々なルールを設けて人間社会の秩序を保っているのです。

『大親神大生命』は御自親がなされているすべての事柄を、実感をもって感じておられます。『大親神大生命』の感性を「親感性《しんかんせい》」といいます。『大親神大生命』のこの

「親感性」の一部を私たち「生命の御子」は「感性」として与えられているのです。私たちはこの感性をもって、人生の様々な事柄を色々な味わいと実感をもって感じることができるのです。人間はこの「感性」の能力を使って、人間の文化の中に芸術を発達させて多種多様の感情の味わいを楽しんでいるのです。

この「知性」「理性」「感性」はすべての動物・植物にも与えられています。例えば躾けられた犬はおすわりをすれば「おやつ」がもらえるということを知っています。「おすわり」と言われた時に「座ればよい」と判断をします。エサがもらえた時には全身で喜びを表現します。『大親神大生命』から犬は犬の段階で「知性」「理性」「感性」を頂いているのです。『大親神大生命』はその生物の発達・進化の段階に合わせて生きていくために必要な「知性」「理性」「感性」をお与え下さっているのです。したがって『大親神大生命』は「知性」「理性」「感性」の根源であり、全能なのです。

全生物は『大親神大生命』の「生命の御子　生命霊」です

『大親神大生命』はすべての生命の大親であり、すべての生命の根源的全体の親御存在です。そして、『大親神大生命』は大いなる御意志・御心をお持ちになっています。『大親神大生命』はすべての「生命《いのち》の御子《みこ》」に生命の理を与えて下さり、「生命《せいめい》霊《れい》」という気持ちの理をお与え下さっております。「生命霊」とは、魂・心といった目には見えない気持ちのことです。『大親神大生命』より生命の理と気持ちの理を頂いている私たちは「生命の御子　生命霊」なのです。これが私たち全生物の本質です。

私たちは今世、肉体を頂いて生まれさせて頂いています。そしてやがては肉体をお返しします。死なない人・生物はありませんので、必ず肉体をお返しする時が誰にでもやってきます。人類は「死」により「肉体」が無くなることは、自分の存在が消えて無くなることだと思っていました。しかし事実は「生命の御子　生命霊」の生命と生命霊は無くなりません。永遠・普遍にその人の固有性（〝個〟有性）をもって存在するのです。「生命の御子　生命霊」がまた、新しい肉体を頂いて誕生させて頂くのです。

「生命の御子　生命霊」が体を持って、「肉体的な生存活動」を行なっているか、体をお返しして「生命の御子　生命霊」として「霊的な生存活動」をしているか、のどちらかなのです。『大親神大生命』の「生命の御子　生命霊」として永遠普遍に活かされ生きているのです。このことがわかると、自分は永遠普遍に活かされ生きているという安心感が湧いてくるのではないでしょうか。人類がずっと抱いていた「死への恐怖」がなくなるのです。

もしも今世だけでなく、「生命の御子　生命霊」としてずっと生きていくことが悟れたら、今世だけの地位・財産などに執着しなくなるのではないでしょうか。

では生きていくことで何が大事なのでしょうか。「生命霊」を磨いていくことが大事なのです。生命霊はずっと自分のものとして存在しますが、今世の地位や財産は今世だけのものだからです。「生命の御子　生命霊」が自分の本質だということを実感できたら、今までの価値観が大きく変わり、生き方が全く変わるのではないでしょうか。

『大親神大生命』に親感謝して生きると人生も地球の運命も素晴らしくなります

私たちが今まで当たり前と思っていたことは、本当は大自然の大いなる生命のお力・お働きによって現されており、この瞬間にも『大親神大生命』は大いなる営みをして下さっておられることを、私たちはようやくわからせて頂くことができました。『大親神大生命』は大いなる「生命の愛」と、このような仕組にしようという「大いなる意志」をもって、この素晴らしい世界をお創り下さっているということにも気づかせて頂くことができました。

この事実に気づかせて頂いた私たちにしかできないこととは何でしょうか。『大親神大生命』に対し奉り生命の親感謝をさせて頂くことです。

『大親神大生命』より生命を頂いているから今日も生命活動ができています。『大親神大生命』が大自然の大いなる仕組を創って下さったから、地球という惑星では様々な生物が生きていくことができています。目が見えること、耳が聴こえること、食べ物が消化されること――すべて『大親神大生命』がして下さっておられます。

それだけではありません。運命・環境もお与え下さっています。人間が生まれてくる時に、この家の子として生まれようと自分で決めることはできません。人間だけでなくすべての「生命の御子　生命霊」が成長発展していくうえで、最高・最善に適している運命・環境を『大親神大生命』はお与え下さっているのです。この事は、地球だけでなく全宇宙のすべての「生命の御子　生命霊」に対して、行なって下さっておられるのです。

少し考えただけでも『大親神大生命』という大自然の大いなる生命のお力・お働きによって、すべての事をして頂いているということがわかります。あらゆることをして下さっている『大親神大生命』に対し奉り「ありがとうございます」と親感謝を申し上げるのは私たちが行うべき礼儀なのです。

『大親神大生命』に「生命をお与え頂いて今日も素晴らしい運命・環境を頂き、ありがとうございます」と親感謝で日々を通ったとします。「親感謝」すると喜びや感動が湧いてくるようになっています。『大親神大生命』に対し奉り「親感謝」させて頂くと、『大親神大生命』は「それだけプラスの喜びで通っているのなら、もっと喜んで通っていけるように」と、さらに素晴らしい運命や環境をお与え下さるのです。大自然の法則は蒔いた種通りに生えてくるようにして下さっておられます。麦の種を蒔けば麦が生えるし、茄子の種を蒔けば必ず茄子が生えてくるのです。茄子の種を蒔いてきゅうりが生えてきたということはあり得ないのです。

『大親神大生命』は蒔いた種通りに生えてくるように大自然の法則として行なっていて下さっておられるのです。したがって『大親神大生命』に親感謝してプラスの気持ちで通れば、絶対にプラスの運命・環境になることになっているのです。私たちは不平不満を口に出したり、思ったりしていましたが、これはマイナスの種を蒔くことになり、ますますマイナスに落ちていってしまうことだったのです。大自然の真理法則で蒔いた種通りの結果が生えてくるのですから。今の人類は不平不満で生きているから、人生も地球の運命も悪い方向に向かっているのです。私たちがこれからどういう生き方をしていくべきか――もうおわかりだと思います。

自分の人生をプラスに発展させるためにも、地球が素晴らしい惑星に生まれ変わるためにも、『大親神大生命』に対し奉り「ありがとうございます」という親感謝で生きていくことが絶対に必要不可欠なのです。そして、『大親神大生命』の大いなる生命のお力・お働きによって今日一日、生命の活動を行い活かされ生きているのですから、今日一日をもっともっと喜びと感動で生きることが、『大親神大生命』にお喜び頂ける生き方なのです。

第二章

「大親真体系《おおおやしんたいけい》　大自然界」

～『大親神大生命』がお創り下さった世界～

「大親真体系　大自然界」

『大親神大生命《おおおやかみだいせいめい》』は御自親《ごじしん》の大親心《おおおやごころ》の「能動的意志」と大いなる「生命力働《せいめいりきどう》」をお使いになり、「大親真体系　大自然界」を創造し、現して下さいました。そして「大親真体系　大自然界」のすべての営みを行なって下さっておられます。

『大親神大生命』は、この「大親真体系　大自然界」を三つの次元の世界で創造して下さり、現して下さっておられます。「親生命界《しんせいめいかい》」「親命霊界《しんめいれいかい》」「親物質現象界《しんぶっしつげんしょうかい》」の三つの世界です。

「親生命界」は『大親神大生命』御自親の貴い「生命の世界」です。大自然には大いなる生命の営みがあり、生命の力と働きがあります。その生命そのものの世界が「親生命界」です。『大親神大生命』の「親生命界」の次元で、すべての「生命《いのち》の御子《みこ》」

は「生命」を頂いて、永遠普遍の「生命活動」をさせて頂いているのです。

「親命霊界」は『大親神大生命』の観念・意識（気持ち）の世界です。大自然には大いなる心・意志・気持ちがあります。この気持ちの世界が「親命霊界」です。

『大親神大生命』の「親命霊界」の次元で、すべての生命の御子は、自分が持っている様々な気持ちを感じたり味わったりしています。そうして自らの「生命力働」を使い、能動的意志と自己責任で、自分の気持ちのかたまりである「生命霊（観念・魂）」を創造させて頂いております。ただしその「気持ち」を収穫するためには、具体的な体験・経験が必要です。そこで、『大親神大生命』は「生命の御子」が素晴らしい「生命霊《せいめいれい》（観念・魂）」を創れるように、わざわざ「親物質現象界」という、様々な体験・経験を通して「気持ち」を収穫できる世界をお創り下さったのです。

『大親神大生命』の「御体《みからだ》の理」が「親物質現象界」です。私たちすべての生命の御子は『大親神大生命』の御体の一部を「物質体・肉体」として頂いて、この「親物質現象界」に誕生させて頂いております。

『大親神大生命』は「親物質現象界」の次元で、「生命の御子　生命霊」に、様々な姿形の生態や形態、そして様々な運命・環境をお与え下さり、色々な道中を通り「生命霊」が成長発展していけるようにして下さっておられます。そして肉体的な「死」を迎えるとまた、「生命の御子　生命霊」という本来の姿に戻るのです。

『大親神大生命』はこのように、生まれ変わりの輪廻転生の理をお与え下さり、様々な運命・環境・生涯を通して下さりながら、私たち「生命の御子　生命霊」を「生命の法則」に沿って育てて下さっているのです。

『大親神大生命』の「親生命界」「親命霊界」「親物質現象界」という三つの次元の世界は一体となっており、調和されており、そこには秩序があります。『大親神大生命』は御自親《ごじしん》の「生命の理」「御心の理」「物質体の理」の一部をすべての「生命の御子　生命霊」にお与え下さっておられます。ですから、私たち人間も全生物も「生命、気持ち、肉体（物質体）」という三つの次元の世界に同時に活かされ生きているのです。

私たちは日ごろ、人間社会という小さな社会に囚われてその世界に縛られて生きています。心の余裕が無くなって生きている自分にうんざりすることも多々あります。しかし大自然の事実から見ると、本当は私たち人類も「大親真体系　大自然界」という世界に活かされ生きているのです。人間が創った人間社会に生きているわけではないのです。これから、「大親真体系　大自然界」という大きな世界に住まわせて頂いていることを意識して生きてみてはどうでしょうか。本来の自分のいるべきところに戻ったような安心感を得るのではないでしょうか。そして、狭い家から広い家に引っ越したような気持ちで、のびのびと生きていくことができるはずです。

「親生命界」

『大親神大生命』御自親の生命の世界が「親生命界」です

『大親神大生命』御自親※の大いなる生命の世界を「親生命界」と言います。

※『大親神大生命』みずからの意味で「御自親《ごじしん》」と使わせて頂いております。〝身〟ではないので〝親〟の字を使わせて頂いております。

「親生命界」は永遠普遍であり、「全有・全無の理」の親世界です。「全有・全無」とはすべてが有り・在り、すべてが無いということです。

わかりやすく水に例えて説明しますと、水は無形ですが、器に入れるとその器の形になります。では、その器の形が水の形かというと水には形がありません。水は万形であり、無形なのです。生命にも形はありません。目にも見えません。しかし、生命は何でもできる力と働きなのです。すべての事ができるのが生命の力と働きです。すべてが無いということはすべてができるということなのです。『大親神大生命』は、この何でもできる生命のお力・お働きをお使い下さり「大自然界」のすべてを創造され、運営をされているのです。

『大親神大生命』より「生命」、「生命力働」を頂いています

大自然の大いなる生命のお力・お働きである『大親神大生命』は、御自親の「生命力働」を使って「大親真体系　大自然界」を創造し、すべての営みをして下さっています。「生命《いのち》の御子《みこ》」である私たち全生物、全存在は、『大親神大生命』の大いなる生命の一部を頂いて、生命活動を行なっているのです。生命とは、「何かをする力と働き」であり、エネルギーです。これを「生命力働」といいます。「生きる」とは生命活動の姿そのものです。生命の力と働きがあるからこそ、私たちは生きているのです。生命力働（エネルギー）を使わせて頂いているのは、私たち生物だけではありません。

$E=mc^2$という物理法則があります。これは、「エネルギーは物質の質量に光速の二乗をかけたものに等しい」という定理です。物質が核分裂をすると大きなエネルギーが出ることから、その事が証明されます。これは物質が、エネルギー（生命力働）のかたまりであるということです。

ミクロの世界では、原子核の周りを電子が常に回っています。マクロの世界では、太陽が水素からヘリウムになるという核融合反応により、光や熱を発して地球の生命現象を起こしています。物質もこのように、「生命力働」によって生命活動を行なっているのです。

『大親神大生命』は、御自親の「生命」と「生命力働」の一部を、生物・物質に関係なくすべての「生命の御子」にお与え下さっておられるのです。『大親神大生命』の大いなる生命の一部である私たちの「生命」は、とてつもなく貴いものだったのです。そして『大親神大生命』の大いなる生命の一部を全生物や全物質が頂いているのですから、「生命」の段階では人間、動物、植物、そして物質の「違い」などは存在しないのです。『大親神大生命』の大いなる生命をすべてが頂いて「生命活動」をさせて頂いているのですから、生命の段階では「自分」も「他」もない、「一体であり全体＝一体全体」なのです。

「生きる」とは生命活動の姿です

『大親神大生命』より貴い「生命」を頂いている私たちは、生命活動を行なっています。「生命」が何かをしていくことを「生命活動」といいます。生命が何かをしている姿＝生きている姿です。言い換えれば「生きている」「生存している」ということは生命活動をしている姿ということになります。

肉体を持って生きている、生存しているということは「肉体的生命活動」をしていることなのです。感じたり、思ったり、考えて判断したりする心や精神の意識的活動は、「霊的生命活動」のことであり、霊的生存をしていることなのです。全生物は、

『大親神大生命』よりこの「親物質現象界」に誕生させて頂き、肉体的・物質体的生存の機会・場が与えられています。この時は、肉体的・物質体的生命活動と霊的生命活動の両方を行なっています。肉体を持って色々な活動をしながら、同時に色々なことを感じ、思う、という「気持ちの活動」もしているのです。

死によって肉体・物質体を『大親神大生命』にお返しした後は、自らの意識通りの「霊的生命活動」を行うことになるのです。自らの意識体が「生命霊」の理です。したがって、肉体的生命活動をさせて頂いている一生を通して、素晴らしい価値ある意識活動を行なった場合は、そのような素晴らしい価値ある意識体が己の「生命霊」となります。その「生命霊」は「親命霊界」の霊的生存の段階においても素晴らしい「霊的生命活動」を行うことになるのです。

生命とは永遠普遍なる存在であり、自らの生命エネルギーも不滅です。生命は「肉体的生命活動」、「霊的生命活動」などの様々な形態を通して永遠普遍に生命活動を行なっていくのです。「生きるとは生命活動の姿」なのです。したがって「大自然界」のすべての営みである変化・現象・存在のあらゆる事柄は、霊的な生存も含めて、『大親神大生命』の大いなる素晴らしい「生命活動の姿」なのです。

「親命霊界」

『大親神大生命』御自親の大いなる意志・御心の世界が「親命霊界」です

『大親神大生命』の大いなる御意志・御心の世界を「親命霊界《しんめいれいかい》」といいます。『大親神大生命』は、その御心によって、この世界をお創り下さり、大自然界のすべての営みをして下さっています。『大親神大生命』の御心が常に働いているのです。この大いなる御心はすべてをより良く生かそうとして下さっている大親心《おおおやごころ》の御親愛《ごしんあい》そのものなのです。『大親神大生命』はすべての生命の御子らに御自親の大いなる気持ちの一部を「生命霊」としてお与え下さいました。私たち人間をはじめ、動物、植物にも「気持ち」があるのは、『大親神大生命』から「生命霊」という気持ち・魂を頂いているからです。『大親神大生命』は生命をお与え下さる時に同時に気持ちの理をお与え下さったのです。気持ちの理は「生命活動」がないと、持つことはできません。したがって「生命」と「霊」は一体となっているという意味で、魂のことを「生命霊」といいます。『大親神大生命』の「生命の御子」として誕生させて頂いた全生物は「生命霊」という気持ちの部分も同時に頂いております。したがって全生物は「生命の御子　生命霊」として固有性を持って存在しているのです。

生命霊は「固有性」を持っています

『大親神大生命』より頂いている「生命《いのち》」は普遍共通のものです。
では「生命霊《せいめいれい》」（気持ち）はどうでしょうか？

『大親神大生命』は、「生命の御子　生命霊」が生命の力と働きを使って、自由に「生命霊」を創れるようにして下さっておられます。したがって、私たちは「生命力働」を使って、それぞれが、能動的に、自由に、特色のある気持ちのかたまりを創っています。それが各自の固有性です。人間は一人ひとり、その人特有の個性を持っています。動物や植物でもそれぞれが「その個体」の特質・特徴・性格を持っています。「生命霊」がその人の個性を決めているのです。同じ両親から生まれた子どもでも、それぞれ性格は違います。例えば、一卵性双生児で、顔や姿形が同じようでも、「生命霊」が違うから性格が違うのです。

気持ちは体験・経験をしないと、気持ちとして収穫することはできません。だからこそあえて『大親神大生命』は体験・経験のできる場所として「親物質現象界」をお創り下さったのです。私たちは、地球歴史の40億年の輪廻転生を通して様々な体験をし、それぞれが独自の気持ちを収穫し、固有性ある「生命霊」を創ってきました。そしてその「生命霊」の違いで人生の通り方が全く違ってくるのです。次の例えで、そのことがよくわかると思います。

私たちの体を自動車に例えてみましょう。その体を運転するのは生命霊（気持ち）です。運転手が穏やかな人であれば、スピードはあまり出さず、ゆったりと走ります。気が早くせっかちな人は必要以上にスピードを出したり、急ブレーキを踏んだりするでしょう。同じ自動車でも運転手が違えば全く違う走り方をします。同じ人間の体を頂いていても、「生命霊」の違いにより、それぞれが全く違う生き方をしていきます。

私たちの本質は、肉体ではなく、「生命霊」なのです。したがって、この「生命霊」をどのような「生命霊」にするかで全く生き方が変わってくるのです。

『大親神大生命』は、「生命の御子」たちが自己の「生命霊」を、生命の力を使って、「能動的意志」と「自己責任」で創っていけるようにして下さっておられます。どのような「生命霊」でも各自の自由意志で創造できるからこそ、『大親神大生命』は御親愛でもって、子供たちが、よりプラスで、喜びにあふれる生命霊を創ってほしいと、常に望んで下さっておられます。

どういう「生命霊」を創造していくかは、今日一日のあなた次第です。今日の感じ方で「生命霊」は創られていくのです。今日一日の出来事を通して素晴らしさを感じて通れば素晴らしさが収穫され、不快さを感じたら不快さが「生命霊」に収穫されてしまうのです。

「生命霊」は輪廻転生して成長発展しています

『大親神大生命』は40億年前にこの惑星・地球に、生命の御子を誕生させ、育てることを始められました。そして、この地球という惑星で生命の御子たちが様々な体験・経験をして「生命霊」を成長発展させていくために、肉体をお与え下さったのです。

私たちは輪廻転生というと、「前生はお姫さまだったと思う」とか「あの人とは前生からの因縁があるような気がする」など、人間としての生まれ変わりのことを話していることが多いように思います。しかし実は私たちはこの地球で単細胞生物から出発させて頂いているのです。いくつもの肉体を順に頂き、肉体的生存の味わいを体験し、生命霊の成長と発展を遂げてきたのです。『大親神大生命』は私たち生命の御子らのそれぞれの「生命霊」の成長と発展に合わせて、「生命霊」の器である肉体を進化発展させて下さり、新たな生物として地上に現して下さいました。

地球の生命現象は単細胞生物に始まり、藻類、魚類、両生類、爬虫類、哺乳類、霊長類へと進化してきたのはそのためです。

『大親神大生命』のお力・お働きと御心がわからずにいる人間は、生物の進化発展を「突然変異」という言葉で片付け、納得しています。これは大きな誤解です。『大親神大生命』は、「生命の御子　生命霊」らがこの「親物質現象界」に生まれさせて頂いて、色々な道中を通って「生命霊」を高めていけるようにして下さっておられます。輪廻転生により、肉体的死を迎えても次の成長発展に必要な新しい肉体をお与え下さり、「生命霊」がどんどん発展していくように、今日まで育て続けて下さっているのです。

今まで、私たちは肉体を持って生きている自分を自分だと思っていました。ですから、「肉体的な死」によって自分が無くなってしまうようで、「死」が恐怖でしかなかったのです。しかし、肉体でなく「生命霊」が自分の本質であるということがわかったらどうでしょう。『大親神大生命』は私たち「生命の御子　生命霊」に「親命霊界」という気持ちの世界から、「親物質現象界という物質・現象の世界で楽しんできなさい」と時々、肉体をお貸し下さり、「生命霊」に旅行をさせて下さっているのです。「親命霊界」という気持ちの世界が私たちの「ホーム」なのです。

『大親神大生命』は、私たちの「生命霊」に素晴らしい味わいを収穫させて下さるために、今世のこのような「運命・環境」をお与え下さっています。この事をしっかり感じられたら、「ありがとうございます」という感謝の気持ちが湧いてきて、楽しく通ってみようと思うはずです。

『大親神大生命』はその道中を通ることによって、必ず「生命霊」が成長するように、それぞれの成長の段階に合わせて運命・環境をお与え下さっています。ですから、多少の困難もあるはずです。しかし「生命霊」が本質だということがわかっていたら、「生命霊」が高まるよう、この道中もプラスで通ろうとするのではないでしょうか。「生命霊」に感じたものが自分なのですから、よりプラスの気持ちを収穫しようと思うはずです。誰だって嫌な気持ちをずっと持っていたくはないはずです。マイナスの気持ちを自分の本質にしたくはないでしょう。悪い「生命霊」にはなりたくないので、憎しみ・ねたみ・対立感・不平不満といったマイナスを感じたり、人にマイナスを与えたり、そんな生き方はしなくなるはずです。

また「生命霊」が自分の本質だとわかることで、「死」に対する恐怖もなくなります。「生命霊」は死なないのです。それよりも、次の生涯へと続いていくのですから、老後のことより、来世が「どんな運命になるのか」の方に関心がいくのではないでしょうか。自分の生命に続きがあるとわかったら、今世の目先の欲のために「生命霊」を低下させる生き方を選ぶ人は誰もいなくなるのではないでしょうか?

プラスの行いをしていると、今度はどんな運命・環境で生まれてくるのか、そういう楽しみも持てるようになるのです。

輪廻転生を通して様々な気持ちを収穫しています
～観念のフィルム～

私たちは『大親神大生命』より輪廻転生、つまり生まれ変わりの機会・場を頂いています。「親物質現象界」における様々な体験を生命霊の観念として収穫させて頂いています。その時々の気持ちや想いは、映画のフィルムに記録されるように、「生命霊」の観念に記録されているのです。それが「観念のフィルム」です。

地球の歴史40億年を通し、私たちは様々な生物に生まれ変わり、その時々の生きる味わいを収穫してきました。肉体的な生死を繰り返して生命霊の観念を創ってきたのです。そのすべてが生命霊の観念のフィルムに記録されています。

恐竜や動物だった時に収穫した味わいもしっかり観念のフィルムに記録されているのです。その証拠に、私たちは何かに追いかけられたり、高いところから落ちる夢を見ることがあります。これは私たちが草食動物だった時に肉食動物に追いかけられて収穫した気持ちの名残かもしれません。物質や肉体に執着したり、集団の中で優位な力を持ちたいという欲求も、他に対する攻撃心や自分を守りたいという防衛本能も、動物の頃に収穫した意識が観念のフィルムに残っている証拠です。

生命霊の観念のフィルムを映画に例えてみましょう。悲しい映像が続けば悲しい映画になります。喜びや感謝に満ちていれば、投影されるのは素晴らしい感動の映画です。不平不満、攻撃心などの低次元の観念の映像が詰まったフィルムであれば、心が重苦しくなる悲惨な映画になってしまいます。

どういうフィルムで構成されているかで映画のジャンルが決まります。同じように、私たちの運命・環境は自分が収穫した観念のフィルムによって決まるのです。

自分の今の運命と環境は、自分の観念のフィルムが投影されたものなのです。『大親神大生命』はその「生命霊」の観念どおりの運命・環境をお与え下さいます。したがって自分の運命や環境を、他の責任にはできないのです。

地球上の現存の宗教では、運命や環境に問題があると、因縁、業、罪、穢れ、方位方角、先祖の霊のさわりなどと、他のせいにします。しかし、自分の観念のフィルムが投影されたのが自分の運命・環境なのですから、観念のフィルムを変えなければ問題の解決はできないのです。

大自然は、蒔いた種通りにしか生えてこないという「原因・結果の理法」で成り立っています。プラスの行いをすれば、プラスが生えてきます。理に沿ったプラスの生き方を今すぐ実行し、観念のフィルムが感謝と感動のプラスになれば、運命や環境は必ずプラスになるのです。それが事実であり、本質的解決なのです。

困っている人の気持ちにつけ込み、ありもしないマイナスの作り話で脅かすような宗教のやり方は、大自然の摂理とルールに反するものだといえないでしょうか？

私たちは日常を通して、プラスの気持ちの収穫をして、今この瞬間から素晴らしい観念のフィルムを収録していくことが大切なのです。そうすれば自分自身の運命や環境も、当然喜びの楽しい映画になっていきます。そして何よりも、私たち一人ひとりの観念のフィルムがプラスに変われば地球の運命としても投影されていきますので、地球は喜びと感動の映画の星になるのです。「地球の平和」「世界の紛争の解決」という課題の前では自分の力など無関係と思いがちですが、自分の観念のフィルムを収穫すること、その事一つが地球の運命・環境に反映されていくということを常に意識していくべきかもしれません。

私たちは誰もが地球に対して責任があるということを自覚していかなければならないのです。

気持ちを変えれば運命・環境は変えられます

自分の今の運命や環境を嘆いていませんか？

今の私たちの運命と環境は、自分の「生命霊観念」がそのようにしているのです。『大親神大生命』は、私たちに個々の生命霊の観念どおりの運命を与えて下さっておられます。運命と環境は、自らの生命霊の観念のフィルムが投影されている状態なのです。ですから、今の運命と環境が苦しい、辛いと思うならば、自らの生命霊の観念を大自然の真理法則に沿ってプラスに切り換えていけば良いのです。そうすれば、運命と環境は必ずプラスに好転していきます。人間はよく「運命は変えられない」とか「運命に流される」と言います。しかし、本当は自分の「生命霊観念」、つまり気持ちさえ変えれば、運命は変えられるのです。この事に気づかせて頂けた人は幸せです。自分の努力で運命を変えていけるのですから。

『大親神大生命』から私たちは生命を頂いております。生命は何かをする力であり、働きです。運命と環境を変えていくには、自分の「生命力働《せいめいりきどう》」を使い、大自然の理に沿ったプラスの行いを実行し、プラスの気持ちを収穫させて頂いて、プラスの「生命霊観念」を創り上げれば良いのです。プラスの「生命霊観念」を創り上げるとは、理に沿ったプラスの感じ方、考え方を身につけることです。

偶然のように起こる幸運と不運の現象も実は偶然ではありません。生命霊の観念がそのような現象を起こしているのです。世の中には「どうしてこんな事が起こるのだろう」というような、思いがけない幸運な出来事や不思議な巡り合わせ、不可解な事件や事故が起こります。しかし、目先の現象を見るだけではなく、生命霊の観念から判断すれば真実が見えてきます。生まれ変わりの輪廻転生を通し、互いの生命霊同士の関係がプラスであればプラスの現象が、マイナスであればマイナスの現象が現れるのです。

地球上では今日まで、お互いに助け合う関係よりも、奪い合いや対立・争い、生命を粗末にする戦争などマイナスの出来事が多く現れてきました。昨今、異常気象や天変地異が増えているのは、地球人の今までの生き方では、限界がきているということを『大親神大生命』が気づかせて下さろうとしておられるのです。人間が歴史を通して蒔いてきた種の結果が今の地球の状態なのです。お互いが助け合う生き方に地球人類の気持ちを切り換えさえすれば、地球は全生物が住みやすい惑星に生まれ変わることができるのです。

今、地球の運命は分岐点に来ています。大いなる発展の道か、滅びの道か。それを決めるのは、私たち地球人の生き方なのです。

「親心」は『大親神大生命』の大親心の一部を頂いたものです

『大親神大生命』は大親心《おおおやごころ》の御親愛《ごしんあい》で、すべての「生命《いのち》の御子《みこ》　生命霊《せいめいれい》」に生命を与えて下さり育てて下さっておられます。大自然のすべての事を、見返りを求めずに行なって下さっておられます。人間では想像もつかないほどの大きな大親心の愛です。『大親神大生命』は御自親のこの「大親心」の一部を、肉体的に「親」になった者に「親心」として授けて下さるのです。『大親神大生命』より「親心」を頂いたからこそ、全生物の「親」は子育てをし、子どもを守っていくのです。「親心」を頂いたからこそ、全生物が子孫を残していくために子を育てるのです。よく猟師さんが「子どもを連れた熊には近づくな、子どもを守ろうと襲ってくるから」と言います。自分の生命がどうなろうと子どもを守ろうとするこの気持ちは「親心」なのです。

「親心」はどこから湧いてくるのだろう？　と考えた人もいると思います。親心は親となった生物が自分で作り出したものではなく、『大親神大生命』から、子どもを育てる時に絶対に必要な気持ちだから与えられ、備わったものなのです。

その証拠に、動物は子育てが終わると「親心」を持ち続けることはありません。人間も子どもが成長して結婚すると、「息子が嫁ばかりを大切にして、自分を大切にしない」など、不平不満を言ったりします。これは「親心」が無くなった証拠です。この事からも「親心」は『大親神大生命』が子育ての期間にお与え下さった特別な気持ちだということがわかります。

「輪廻転生」を繰り返して「親心」の「生命霊」になっていきます

『大親神大生命』が生まれ変わりさせて下さり、私たちが親になったり子になったりさせて頂いているのは「親心」を自分の「生命霊」に収穫するためなのです。

「親心」は真実・誠の愛です。「親」は「子」が素晴らしくなってほしいと願い、子どものためなら自分の生命だって投げ出すことができます。見返りなど求めず、ひたすら愛情をそそぐのが「親心」ではないでしょうか。

「親心」を生命霊に収穫して、この気持ちが『大親神大生命』にお借りした気持ちでなく「自分のもの」になったらどうでしょう。その人の「生命霊」は「親心」を持っている「生命霊」になります。

「親心」は与える側で、「子心」は与えてもらう側の気持ちです。「親心」になれば他の「生命霊」に対して愛を持ち、相手が幸せになっていくようにと願い、そのために生きていくことができるようになります。子心は自分のことしか考えられない、してもらうのが当たり前と思う「未発達の心」です。

『大親神大生命』は、輪廻転生をさせて下さり、私たち生命の御子たちの心が『大親神大生命』の「大親心」に近づいていけるように、「生命霊」が成長発展するための様々な運命をお与え下さっておられます。

『大親神大生命』は「生命霊」が色々な体験・経験をして「親心」になっていけるよ

うに、「親物質現象界」という、物質・現象の世界をわざわざお創り下さっておられるのです。

大自然の真理法則に沿って、色々な道中をプラスに通っていくことで、「生命霊」は与える側の「親心」へ向かって成長発展させて頂くことができます。「親心」を持った「生命霊」がたくさん住んでいる地球になれば、戦争を起こしたり、民族の紛争を起こしたり、いじめで相手を苦しめる問題は消えるはずです。「子」をマイナスで苦しめようとする「親」はいないからです。

「親物質現象界」

『大親神大生命』御自親の物質体・御体の世界が「親物質現象界」です

『大親神大生命』は時間・空間のある物質体の世界を「親物質現象界」として創造し、現して下さいました。マクロの世界である大宇宙からミクロの世界である素粒子まで、すべての現象変化を『大親神大生命』が行なって下さっておられます。

私たちは自分の気持ちで体を使って歩いたり食べたり話したり、様々な現象を起こしています。

『大親神大生命』は『大親神大生命』の御心（お気持ち）で「親物質現象界」のすべての現象を起こして下さっています。「親物質現象界」は『大親神大生命』の御体《みからだ》といえます。

『大親神大生命』はビッグバンでこの大宇宙を現して下さり、数千億あるという銀河をお創り下さり、私たちは天の川銀河の太陽系の地球という惑星に住まわせて頂いております。この地球は、海山川、砂漠、高原などの変化に富んだ地形に、様々な気候と季節の移り変わりがあり、多種多様の生物が活かされ生きている、味わい深い星です。

『大親神大生命』は「親命霊界」から、「生命の御子　生命霊」をこの「親物質現象界」の地球にわざわざ生まれさせて下さり、様々な生物の一生を体験・経験をさせて下さっておられます。私たちは地球上で輪廻転生を通して色々な生物としての味わいを体験させて頂いて、今は人類の意識にまで「生命霊」を成長発展させて頂いているのです。

「親命霊界」は「気持ち」の世界で、自分が収穫した気持ちを味わうことはできますが、新たな気持ちを収穫することはできません。そこで『大親神大生命』はわざわざ、現れては消え、変化していく「親物質現象界」という、時間・空間のある現象世界をお創り下さいました。この「親物質現象界」で、様々な運命・環境を通り、様々な体験・経験をして素晴らしい味わいを収穫できるようにして下さっているのです。

「生命霊」がその人の本質ですから、「親物質現象界」で収穫した気持ちがその人の本質になります。肉体をお返ししても「親物質現象界」で収穫した気持ちは、その人自身が切り換えるまで、そのままで変わりません。「死んだら天国に行ける」と言いますが、天国に行くか地獄に行くかはその人次第なのです。なぜなら、その人の「生命霊」（気持ち）は肉体が無くなっても死なないで存在するのですから、「親命霊界」ではその「気持ち」を味わって生きていくのです。したがってプラスの生命霊の収穫をした人にとって「親命霊界」は天国であり、マイナスの恨み・つらみの収穫が多ければ、「親命霊界」は地獄となるのです。だからこそ「親物質現象界」での気持ちの収穫が生きるうえで重要になってくるのです。

自分次第でどんな気持ちでも収穫することができます。『大親神大生命』は、大自然の真理法則に沿って生きていけば、幸せの味わいを収穫できるようにして下さっておられます。大自然界はそのような行いをすれば、行い通りの結果が得られる世界です。ですから「親物質現象界」でどんな人生問題が起ころうとも、安心して大自然の理《り》にかなったプラスの生き方を実行していけばいいのです。

「生老病死」は素晴らしい味わいです

『大親神大生命』はわざわざこの「親物質現象界」で「生老病死《しょうろうびょうし》」という変化の味

わいを、生命の御子らの「生命霊」の成長発展のためにお創り下さいました。しかし「生老病死」を仏教では「苦しみ」と捉えてしまっています。生きる苦しみ、老いていく苦しみ、病気の苦しみ、死ぬという苦しみです。マイナスで生きている人間は、この釈迦の教えを「そうだ」と納得しています。では「生老病死」がなかったらどうなるのでしょうか。

「生」がなかったら誕生することすらできません。

「老いる」ということがなければ、時間の経過が止まっていることになります。

「病」、つまり病気や事故などの人生問題がなければ、生命霊の成長発展はありません。人生問題を親感謝とプラスで通りきると、素晴らしい生命霊の収穫と実績になります。また実際の体験からこそ得る様々な感情や実感があり、同じ痛みや辛さを持つ人を思いやり抱えて共に通る親心・優しさを持てるようになります。

「死」がなかったら、食物連鎖は成り立ちません。なぜなら、私たちは植物や動物の死があるから、その生物を食べることができ、生存を維持していくことができているからです。

実は「生老病死」があるから苦しいというのは大変な間違いで、「生老病死」がなければ、世の中は成り立たないのです。

「生老病死」を大自然の原理から捉えれば、こんなに素晴らしい味わいはないのです。

『大親神大生命』より「生老病死」をお与え頂いたからこそ、私たち全生物は「親物質現象界」において、様々な一生の体験・経験を通して素晴らしい生存の喜び・味わいを「生命霊」に収穫させて頂くことができるのです。私たちはこのような素晴らしい「味わいある世界」に一瞬一瞬、活かされ生きております。

ですから「大自然界」のすべての事をしていて下さっている『大親神大生命』に対し奉り、親感謝《しんかんしゃ》させて頂き喜びの気持ちで通るのが、大自然の理に沿った本来の生き方なのです。「親物質現象界」で『大親神大生命』に親感謝して通った「生命の御子生命霊」は、その親感謝の喜びや感動を、肉体をお返しした後でもずっと持ち続けることができます。「親物質現象界」という体験・経験ができる世界でどんな気持ちを収穫するかは、自己責任です。どんな気持ちを収穫するかはそれぞれの自由ですが、「親物質現象界」での日々を通してプラスの気持ちの収穫をした方が良いに決まっています。

第三章

「大自然の真理法則」

~大自然界を成り立たせている根本の原理~

大自然の真理法則とは

大自然界には大自然のすべての現象や存在に働いている一定の秩序と掟がありま
す。これを「大自然の摂理」、「大自然の真理法則」といいます。

では、この真理法則は、掟として初めから決まっていたのでしょうか。

誰かが創らなければ、「真理法則」という大自然界の「掟」は存在しないのです。
大自然の真理法則とは、『大親神大生命』がこの世の中をお創り下さり、大自然を構
成し、営みをして下さるためにお創り下さった根本的な力と働きです。

大自然界に絶対的になくてはならない、必要不可欠な根本的な掟のことを「大自然
の真理法則」といいます。この大自然の真理法則は、大自然界、大宇宙のすべてに共
通なものですから、普遍的であり、いつでも働いているから永遠のものです。

言い換えれば、「大自然界の真理法則」とは、「いつでも、どこでも、何にでも、誰
にでも時間・空間を超えて働いている大自然界の絶対的な掟」です。そして誰が気づ
こうと気づくまいと、また好むと好まざるとにかかわらず、永遠普遍に働いている大

自然そのものの絶対的な根源の原理・原則なのです。

したがって『大親神大生命』がお創り下さった大自然の真理法則によって万物は存在し、すべての現象は現されているのです。

簡単な例を挙げますと、私たちの心臓は今動いており血液が循環しています。これは私たち人間が決めたことではありません。これも『大親神大生命』が決めて下さった掟です。「動物は一定のリズムで心臓の拍動をくり返して生きていきなさい。血液は循環させます」と『大親神大生命』が決めて下さった掟なのです。動物はそういう風に心臓が動き血液が循環して生きていけるようにお創り下さいました。この「血液が循環する」のは、『大親神大生命』の真理法則である「循環・還元の理法」が働いているからなのです。

私たちが「当たり前」と思っていた血液が循環することも『大親神大生命』の大いなる意志が働いて、そのようにして下さっていたのです。大自然の大いなる事実を、「当たり前のこと」「当然のこと」と思っていたのは、誰にでも、絶対にそのように働いて、いつでも起きていることだからそのように思ってしまっていたのです。

大自然のありとあらゆることを『大親神大生命』が大いなる愛で行なって下さっている事実をわからせて頂いた今、『大親神大生命』に対し奉り、素直な気持ちで自然と「ありがとうございます」と親感謝の気持ちが湧いてくるのではないでしょうか。

大自然の真理法則を総合的に理解して人生に活用する生き方が大切です

人間は大自然の真理法則を物理的側面から捉えて、物理面に応用して現代文明を築きました。これが科学です。しかし今後は、その同じ真理法則を精神的側面より把握して、人間性を高めていくこと、運命・環境の開拓や人生の充実などの面に利用して、精神的な発展を遂げる必要があります。

精神的なものを追求していくと、人間はそのことを「宗教」と捉えがちです。では、大自然の真理法則を学ぶことは、科学なのでしょうか。宗教なのでしょうか。

大自然の真理法則そのものは、科学でも宗教でもありません。その両方です。なぜなら、大自然の真理法則そのものは、科学、宗教、芸術などすべてを超越した総合的な存在であるからです。大自然の中に存在する私たち人間側が、大自然を把握するために、科学、宗教、芸術などと分類を行なっているにすぎないのです。

大自然の真理法則は同一であっても、それを把握する人間側の方法、手段、形式が異なることによって、人間は中身が異なるものと誤解する傾向にあります。イデオロギーや宗教・宗派での対立や争いも、部分に囚われて、全体としての根源を見失った姿だといえるでしょう。

一人ひとりの生き方も部分に囚われて、全体としての根源を見失ってきています。その結果、目先の問題に囚われて、自分は何のために生きているのか、総合的に人生を考えられずに日々をただ生きているだけ、となっていませんか？

大自然の真理法則は『大親神大生命』がお創り下さった掟です。『大親神大生命』がして下さっている「真理法則」を大自然の事実として素直に捉え、学び、そして実際に大自然の真理に沿った生き方を実生活で実行してみて下さい。

『大親神大生命』が、我が子である「生命の御子」を素晴らしく喜びで活かして下さるためにお創り下さった真理法則です。真理法則に沿って生きたら不幸になるなどはあり得ません。生きる幸せ・喜びがますます高まるだけなのです。

大自然の真理法則という永遠普遍の価値基準から、ものごとを見ることができるようになれば、一部の偏見に囚われることがなく、客観的に人生を素晴らしく価値あるものとして通っていくことができるようになるのです。

『大親神大生命』は「十元の理法」をもって大自然のすべてを創造され、営みをなされておられます

『大親神大生命』は親理《しんり》である「十元の理法」をもって大自然のすべてを創造され、すべての営みをして下さっておられます。「十元の理法」とは、この世を構成している基本的・根本的な原理・原則です。

『大親神大生命』が行なって下さっている原理・原則を十の面より認識し、把握した

ものを「十元の理法」といいます。「十元の理法」は大自然界において永遠普遍に、時間や空間を超えてすべてに働いている理法です。「十元の理法」によって大自然界は構成されているので、「十元の理法」のどれ一つを否定してもこの世の中は成り立たなくなります。

したがって、「十元の理法」とはこの世の成立に絶対必要不可欠な理法なのです。

1．能動変化の理法

すべてが能動的に変化しており、大いなる方向へと向上している

2．平均・調和・安定の理法

すべてはより大きな調和・安定へと向かって変化している

3．出発発展の理法

すべては常に新しい形状に向かって出発し、進化発展している

4. 循環・還元の理法

すべては循環し、繰り返しながら発展している

5. 強度・継続の理法

すべてはそのようであろうとしている。慣性の法則はその一部である

6. 種類分化の理法

すべては固有性を持った種類に分かれている

7. 終止限界の理法

すべてにある一定の限界があり、終わりがある

8. 作用総合の理法

すべては総合的に作用し、影響し合っている

9．原因・結果の理法

すべては原因であり種であり、すべては結果であり収穫である

10．機会・場の理法

あらゆることがすべて向上発展の機会であり、場である

この「十元の理法」については、第四章で一つずつ、さらに詳しくお伝えさせて頂きます。

「自明の理」～事実であることの証明～

『大親神大生命』という大いなる親御存在《しんごそんざい》がいて下さる、というのが事実だとどうし

てわかるのですか？　という質問をよく聞きます。その疑問は「自明の理」がわかれば解決します。

大自然は、事実をもってのみ、事実であることを証明しています。これを「自明の理」といいます。

例えば、ここに果物のリンゴがあるとします。リンゴがリンゴであることは、リンゴであるという実物（事実）によってのみ「リンゴ」であることの証明をしています。これほど明らかな事実はありません。プラスチックでできたリンゴの模型は、いかにリンゴのように彩色してあったとしても、リンゴではないので、リンゴという事実を証明することはできないのです。このように「自明の理」とは、事実をもってのみ、事実であることを証明しているのです。

大自然には大いなる生命のお力・お働きがあります。生命あるすべての生物・存在は、この「大自然の大いなる生命のお力・お働き」である『大親神大生命』によって生命が与えられ誕生させて頂き、大いなる生命の営みによって活かされ生きておりまず。この事実は大自然の事実・真実です。つまり『大親神大生命』の親御存在は、大自然の大いなる生命の営みの事実をもって、証明されているのです。

『大親神大生命』がして下さっている理法の一つとして「循環・還元の理法」があります。すべてを循環させる力が現実に働いており、その力と働きによって大自然界は成り立っているのです。

私たちの体の中でも、血液は循環し、呼吸によって酸素は循環して二酸化炭素を排出します。「循環・還元の理法」は人間、生物の体に働いているだけにとどまらず、全物質に対してマクロの世界からミクロの世界まですべてに働いています。原子核の周りを電子が循環することで原子が成り立ち、すべての物質が構成されています。また地球の自転と公転も循環です。銀河宇宙も循環しています。

同じように、「循環・還元の理法」は私たちの生命霊にも働いています。生まれ変わりの輪廻転生も、自分の行いが自分の運命・環境に戻ってくることも循環なのです。

このように、すべての事柄・現象が循環しているという事実をもって、すべては循環しているという「循環・還元の理法」が事実であることを証明しているのです。このことは「自明の理」といえます。

『大親神大生命』がお授けして下さっている大自然の教えは、大自然界における事実・真実をもって、事実・真実であることを示して下さり、教えて下さり、証明して下さっている「自明の理」の教えなのです。

それでは地球上の宗教・宗派は「自明の理」としての証明はできるのでしょうか。

残念ながら、すべての宗教・宗派の神仏や事柄は大自然の「自明の理」としての証明はできません。例えばキリスト教の天なる父、イスラム教のアッラーの神、仏教の大日如来、神道の天照大神などの人間の宗教の神々が実際に存在しているという証明は不可能なのです。宗教・宗派の神仏は「そのように信じている人々だけに通用する、人間が作った観念である」ということが本当の事実です。ですから仏教を信じている人には、キリスト教の天なる父は全く関係ありませんし、キリスト教を信じている人には阿弥陀如来などの仏様は全く関係ないのです。宗教の神は「信じる・信じない」という問題であって、宗教によって生命を頂いているわけでもなく、宗教によって生かされているわけでもないのです。

それなのに、地球人類は宗教・宗派が違う、神仏が違うといって人間同士が争い、対立し、殺戮までしています。「生命の尊厳性」を全く無視した生き方をしているのです。この大きな間違いに地球人は、まだ気がついていないのです。それどころか、キリストやマホメット、釈迦を偉大な人物として崇めたたえています。キリストやマホメット、釈迦がいなければ、今起きている宗教による対立・戦争はなくても済んだかもしれません。しかし、人類は事実を事実として見ようとせずに、いまだに自分が信じる宗教こそがすべてだと思い間違った生き方をしているのです。

「大自然の大いなる生命のお力・お働き」によって全生物は生命を与えられ、活かされ生きております。このことは大自然界の事実・真実なのです。大自然の大いなる生命『大親神大生命』はすべてを素晴らしく生かして下さっておられます。そこには宗教・宗派は全く関係ありません。宗教・宗派の様々な神や仏のすべてが有ろうが無かろうが全く関係ありません。

その証拠に宗教・宗派が無かった時代、例えば恐竜の時代にも『大親神大生命』の大いなる大自然のお力・お働きによって全生物は活かされ生きておりました。そして人間がどんな宗教・宗派を信じようと信じまいと、宗教・宗派が全部無くなったとしても、宗教には全く関係なく、大自然界の大いなる生命の営みはなされ、全生物は活かされ生きているのです。

地球人類の歴史の中で、宗教・宗派の争いという悲しい問題があります。どの宗教を信じている人も本当は誰もが、平和で争いや苦しみのない、お互いの生命を大切にして生きる世界を望んでいるのではないでしょうか？

もしも地球の人々が、『大親神大生命』がして下さっている本当の「事実」を知り、考え方や生き方を思い切って変えてみたら、間違いなく地球は平和で住みやすい、お互いが助け合う喜びにあふれた惑星へと生まれ変われるのです。

存在の原理　～私たちはなぜ存在するのか～

『大親神大生命』は、「存在の原理」をもってすべての存在を現して下さっています。この「存在の原理」は、三つの原則で成り立っています。

1．役割機能の原則

すべての存在は、他に向かっての役割機能を果たすために存在しています。つまり、すべては他の役に立つために存在しているのです。自分の内側へ向かっての役割機能はありません。自己の存在は他の役に立ってこそあるのです。

例えば、ここにコップがあったとします。コップはコップ自身のためには存在していません。コップを使う人の「役に立つために」存在しているのです。このようにすべての存在は、必ず他に向かってそのものの役割を果たしているのです。他の役に立つから存在価値があるのです。

『大親神大生命』がお創り下さったすべての「生命の御子」はそれぞれの役割を頂いて存在しています。植物は光合成を行なって、二酸化炭素を吸収し、酸素を作る役割を果たしています。そして草食動物のエサにもなっています。他の役に立っているのです。今、あなたの目に映るものの、一つひとつの役割を考えてみて下さい。必ず、なんらかの「役割」を持っているはずです。このようにすべての存在が他の役に立って存在しているのです。

では地球の人類の存在について考えてみましょう。はたして人類は他の生物の役に立っているのでしょうか？　人類は自分たちのことばかりを考えて、自分たちのエゴによって、地球の環境を破壊しています。森林を伐採し、空気を汚染し、温暖化で生態系を壊しています。『大親神大生命』が決めて下さった「他に向かっての役割機能を果たす」という存在の原則から大きく外れていっているのです。

すべての存在はその創り主の役に立つために創られています。その存在を創造する目的は創造主の役に立つためです。『大親神大生命』によって生命を与えられ、活かされ生きている全生物は『大親神大生命』のお役に立たせて頂くために存在しているのです。

万物の霊長、人類である私たちは、『大親神大生命』という大自然の大いなる営みのお役に立たせて頂くことが『存在の原理』に沿った生き方なのです。日々の実生活の中で、『大親神大生命』のお役に少しでも立たせて頂ける生き方を、一人でも多くの人が実行していけば、人類の存在価値が高まっていくのです。

2. 自然生成の原則

すべての存在の生成・出現は必要性によってなされています。必要なものは必ず役割機能を果たすために生成・出現します。

簡単に言いますと、必要なものは作られ、必要のないものは作られないということです。私たちが何かを作る時、それが必要だから作ります。「役に立つもの」だから作るのです。

『大親神大生命』が今、出現させて下さっているものは、そのすべてが必要だから現して下さっているのです。それぞれの存在が、他の役に立つために現して下さったのです。では、私たち人類の存在価値を高める役割とは、何なのでしょうか？

それは大自然のすべての営みをして下さっている『大親神大生命』のお役に少しでも立たせて頂ける存在になることなのです。子どもが成長すると、親のお手伝いができるようになり、「親」の役に立つ存在になっていくように。

『大親神大生命』がして下さっているすべての事に親感謝させて頂き、「すべての生命の御子」が素晴らしく、この地球で生きていけるように願いながら、日々を通ることから始めてみませんか。このことは『大親神大生命』のお役に立たせて頂ける生き方の第一歩なのです。

3. 自然淘汰の原則

すべての存在はその役割機能を失った時に、存在価値を失います。役割機能を失った存在は存在する価値をなくすのです。存在価値を失ったものは、淘汰され、消滅、滅亡していきます。「自然淘汰の原則」がわかると、人類が他の役に立って生きていないことに気づいて危機感を持つのではないでしょうか。

『大親神大生命』は大親生命力働をもってこの「親物質現象界」を現して下さっています。ビッグバンにより宇宙を誕生させ、銀河、太陽、地球、月といったすべての星も創って下さいました。地球上には様々な物質を現して下さり、多種多様な生命現象を起こして下さっています。
それは私たち「生命の御子　生命霊」が地球上で生まれ変わりの輪廻転生を通し、生命霊を高めていくためです。しかし、40億年もの間、幾度も生まれ変わり、生命霊の成長をさせて頂いて人間となった私たちは、今、どんな生き方をしているでしょうか。

人間は食物連鎖の頂点におり、様々な生物の体を食べて生きていくことができています。すべての生物は、食物連鎖の中で、他の生物に食べられ、役に立っています。けれども人間は、誰からも食べられることはありません。人間はすべての生物の生命に支えられているのですから、他の生物の役に立つべきなのです。地球上のすべての生物が住みやすいように、真剣に努力すべきなのです。

人類はこのまま他の役に立たなければ、存在の原理によって、やがて大自然界に存在する価値がなくなり、自然淘汰されてしまうでしょう。しかし残念なことに、この人類の危機を真剣に自分たちの問題であると捉えている人は少ないのです。危機は感じているかもしれないのですが、ついつい目先の事で精いっぱいになってしまって、誰かがやってくれるだろうと思っているのが本音ではないでしょうか。

「地球が素晴らしい惑星に生まれ変わること」は、一人ひとりの今の現実からできるのです。それぞれの現実の中で、大自然の「存在の原理」に沿って、他のために役に立つ生き方を考え、実行していけばいいのです。他のために役に立っている人類を『大親神大生命』は決して淘汰しようとは思われないからです。「大自然」の大いなる真理法則に沿った生き方が地球上で行われていたら、価値ある生き方をしているのですから、地球が滅亡することなどあり得ないのです。私たちは今こそ、今までの自己中心の生き方から、「大自然の真理法則に沿った生き方」に思い切って切り換える時ではないでしょうか。

大自然界からの警告を真剣に受け止める時です

人間は他の生物の役に立つどころか、自己中心の生き方で地球環境を破壊してきました。地球上には多種多様な生物が生きていますが、人間の環境破壊によって、一日に約100種類もの生物が絶滅していると言われています。

私たち人間は、生命の兄弟姉妹である他の生物のことをあまりにも考えていないのです。大自然界は一つの家族です。小さい弟や妹のことをいじめていたら、生命の大親である『大親神大生命』はこのまま黙って見ておられません。親であれば子が間違ったことをしていれば戒め、正しい生き方を教えようとするのではないでしょうか。


人間は他の生物の生命によって、生命を支えてもらっています。他の生物にプラスをもらっているにもかかわらず、人間は他の生物に役立つどころか、マイナスの行いをし、人間同士でも争ってマイナスの行いをしています。世界中の国が軍備を持ち、多くの国が核兵器まで持っているという事実。人間同士ですら助け合えず、経済に振り回されて金や物を奪い合い、最終的には生命も奪い合うという悲しい事実――これは人間が地球上で役に立たない存在になってきているという事実に繋がります。

生命の大親である『大親神大生命』は人類に対して、この事実に事実の現象をもって警告されています。人口の増加、工業化に伴う化石燃料の使用量増加によって地球が温暖化し、海水温が上がり、南極の氷が溶け始めています。

海流の変化で、台風やハリケーンの威力はますます強くなり、ゲリラ豪雨は年々激しさも頻度も増しています。このように、地球全体で異常気象が広がっているのです。人間が行なってきたマイナスの種蒔きが、地球をここまで危機的な状況にしてしまったのです。

自然の摂理に逆らって生きてきた結果がどうなるかということを『大親神大生命』は事実をもって警告して下さっているのです。


そして、新型コロナウイルスという、急速に地球全体を襲った感染症。人間はこれらの警告を謙虚に受け止め生き方を改善しなければなりません。

『大親神大生命』の御心、警告を感じ、自己中心の生き方から「他の役に立つ生き方」に転換しなければいけません。もし人間がこの生き方を続ければ「自然淘汰の原則」が働き、人類は地球上から淘汰されてしまいます。過去に地球上では、隕石の衝突や気候異変によって、幾度となく生物は大量絶滅してきた事実があります。

必要がなくなれば存在できなくなるという大自然の事実に対し、人間は謙虚に向き合わなければなりません。今がその時なのです。地球人が今までの生き方を、「大自然の大いなる真理法則に沿った生き方」へと、大きく方向転換する時が来ているのです。

有意味行為の原則　～何のために生きるのか～

私たちが行う事にはすべて、それなりに意味があるはずです。

私たちが行う生存行為のすべては、その行為が意味する内容や目的によって価値が決まります。これを「有意味行為の原則」といいます。同じ行為でもどういう意味で行なったのか、何の目的で行なったのかという内容によって価値が大きく違ってくるのです。

例えば「電車に乗る」という行いで考えてみましょう。

人助けのために電車に乗っていくのか、泥棒をするために電車に乗っていくのかでは価値と結果が大きく違ってきます。「電車に乗る」という行為は同じでも、「何のために」という目的によって、その行為が人を幸せにするプラスになったり、犯罪をもたらすマイナスになったりするのです。

したがって、今日一日、この世に活かされ生きていくうえで、「自分がどのような意味・どのような意識、気持ちで生きるのか」ということが大変重要になってくるのです。

今日一日を生きること。それこそ、有意味行為の原則により、自分の気持ち次第で「生きる価値」が全く違ってくるのです。

ここで、わかりやすく例を挙げてみたいと思います。

Aさんは「なぜ自分だけがこんな目にあわなければならないのか」と、人生問題をマイナスで捉えて、嫌な気分で今日一日を生きています。Aさんは、自分の人生を「マイナス」で意味づけて生きているのです。

逆にBさんは「この世は『大親神大生命』の大自然のお力・お働きによって、創造されて営まれている素晴らしい世界だ。自分は『大親神大生命』の生命の一部を頂いている崇高な存在だ。『大親神大生命』にお与え頂いた人生問題は、生命霊の成長発展のためにあるのだから、喜びとして努力して通ります」と、今日一日を「プラス」に意味づけて生きています。

AさんとBさんでは、「今日一日を生きる意味」が大きく違うのがわかります。

今日一日を生きるのに、生命の感謝と感動のためにプラスで生きるのか、それともマイナスの感情や観念で生きるのかでは、人生の価値と運命・環境の結果が全く違ってくるのです。

自分の生き方を決めるのは自分自身なのです。自分の人生の価値を決めるのは自分以外にはないのです。自分の今日一日の生存の価値、自分の一生の生き方の価値は自分が意味する生き方の内容と目的によって決まるのです。「有意味行為の原則」によって、自分がどういう意味をもって生きたかで生存行為の価値が決まるのです。

人生課題は「生命霊」の成長発展のためにあるのです

『大親神大生命』はすべての「生命の御子　生命霊」に何でもできる生命の力と働きをお与え下さいました。そして私たち「生命の御子」は、自己の人格、観念、つまり「生命霊」を成長発展させていくための機会・場として「親物質現象界」で肉体的な生存を与えて頂いております。したがって、いかなる人生の事柄も人生問題も、なんらかの意味において自己の人格、観念が成長発展していくためのものなのです。私たちは輪廻転生の生まれ変わりによって色々な運命・環境の中で体験・経験を実感として味わい、自分の生命力を使って、生命本来の永遠普遍なる観念に向かって「生命霊」を成長発展させて頂いているのです。これを「生命の法則」といいます。

「生命の法則」に沿って、自己の「生命霊」を高めていくために必要なのが「有意味行為の原則」です。今日一日を生きる意味や目的の内容を、どの段階で設定するかによって価値が全く違ってくるからです。例えば、人生問題があった時に、自分の運命を嘆いて通ったとします。人生の問題を、「自分を苦しめる嫌なことだ」、「解決しないといけない苦しい問題だ」と設定して今日一日を通ったら、その嫌な思いが自分の「生命霊」の収穫となります。逆に同じ人生問題を「『大親神大生命』が自分の「生命霊」の成長発展のためにわざわざお与え下さったのだ」と意味づけします。「ここを通ればもっと素晴らしい自分に変わることができるのだ！」と実感し、プラスの種として問題解決のために通ったとします。問題をプラスで捉えたのですから、前向きの積極的な気持ちが湧いてきます。そしてプラスの種を蒔いたのですから、その人は「生命霊」の成長発展があり、運命が素晴らしくプラスになっていくのです。

「生命霊」の観念の成長発展の段階が高いほど、自分の生存の意味する内容を、高い段階で崇高に持つことができます。今日一日の生存、一生の生存に対して、より「生命の法則」に沿った崇高な生存の意味・内容と目的を設定して、その意味する内容の体験・経験を実感することが、「親物質現象界」における肉体的生存の目的と価値だといえるのではないでしょうか。生命の本質に沿った、より高い体験・経験の実感は、自己の「生命霊」に収穫され、生命霊は成長発展していくのです。

「有意味行為の原則」を悟らせて頂くと、自分の生き方も、行いも、自分自身でどんなにも高く、価値あるようにしていくことができるのです。

『大親神大生命』にお受け取り頂ける「有意味行為」の生き方を実践しましょう

生命の本質に沿った理の行いとは、『大親神大生命』の御心に沿った『大親神大生命』にお受け取り頂けるような行いです。そこに究極の目的、意味が存在します。

何をするにしても、『大親神大生命』への親感謝、真の感動の真実感を持って行えば、『大親神大生命』はその誠の心をお受け取り下さり、地球がプラスになる現象を現して下さいます。今日一日を、この一年を、そしてこの一生を、どんな意味をもって生きるかは、各自の自由な意志にかかっています。「有意味行為の原則」によって、自分次第で人生をどのようにでもできるのです。

ここで、「有意味行為の原則」で人生の価値を高めて通った例を紹介してみたいと思います。

Aさんは末期の癌の痛みで毎日を通っていました。

その方は『大親神大生命』からお授けを頂いて、「有意味行為の原則」に沿って自分の癌の道中を次のように通られたのです。

「『大親神大生命』、癌の道中を人生の素晴らしいプラスの味わいとして通らせて頂きありがとうございます。私のこの癌の痛みと同じように癌で苦しんでいる人が、地球上には大勢おります。至らない私ですが、その方々の代表としてこの道中をプラスの味わいとして喜びと感謝で通らせて頂きます。どうか地球上の癌の患者さんたちも私と同じようにプラスの気持ちで通らせて頂けますように」

『大親神大生命』に対し奉り親感謝し、世界中の癌患者の方たちが少しでもプラスで日々を送れるようにと真剣に願って通られました。自分の癌の道中を「有意味行為の原則」に沿って、世界中の癌の患者さんがプラスで通れるようにと、自分のためだけでなく、より多くの方のことを願って真剣に通られたのです。

どんな道中であっても「『大親神大生命』がお与え下さった大事な機会・場なんだ！」と『大親神大生命』に対し奉り親感謝し、プラスの気持ちで一生懸命通らせて頂けば、その真心を『大親神大生命』は必ずお受け取り下さると、お授け頂きました。

『大親神大生命』は、私たちが真心で通ったならばその気持ちを地球の素晴らしい生き方の種としてお受け取り下さり、人間が考えられないような素晴らしいプラスの現象を地球にお与え下さるのです。

癌末期のAさんは、地球の癌患者の幸せを願って日々を通られていたので、不思議と痛みがどんどん少なくなっていきました。末期癌の人とは思えないほど明るく、来世の予定も立てながら、最期の日まで親感謝と生存の喜びで通られました。

このように、癌の苦しみを悲劇的に捉えて通ることも、「地球の人が幸せになれますように」とプラスで通ることもできるのです。

プラスの意味付けをして真心で通った「生命霊」は『大親神大生命』がお受け取り下さり、プラスの現象と気持ちをお与え下さるのです。その気持ちは、収穫した自分のものですから、「親命霊界」での生存でも、来世でも、ずっと持っていけるのです。「有意味行為の原則」を悟ると、自己の生存の価値も高めることができ、さらに地球の新しい生き方の種として、地球の生存の価値をも高めていく生き方ができるのです。

「有意味行為の原則」をもって科学技術を使わせて頂くべきです

最も「有意味行為の原則」をもって使わなくてはならないのは、科学技術ではないでしょうか。

人間は科学を発達させ、その結果、核兵器など大量破壊・殺戮を可能とする戦争兵器を、世界中の軍隊が保持することとなってしまいました。

ノーベルはダイナマイトを発明しましたが、戦争の爆弾として使用され、戦争の激化を招いてしまいました。アインシュタインの相対性理論は、原子力爆弾に利用されてしまいました。

航空機や人工衛星などにも最先端技術が使われますが、それらが急速に進歩した背景には、軍事目的がありました。悲しいことに、戦争や殺戮のために科学技術が発達してきたと言えるのではないでしょうか。そして、今最も恐ろしいのは核兵器です。軍縮会議が続けられながらも、世界全体での核弾頭の保有数は、地球を破壊しても有り余るほどです。地球を破壊するほどの核を持っているから、国際情勢はますます緊迫化しています。一触即発の状態です。核戦争による地球存続の危機に直面する中、科学をいかに使うのか、私たちは、真剣に考えなくてはなりません。

もしこの科学技術を、福祉や国際援助のために使えばどうでしょう。

各国の軍隊は戦争兵器を放棄し、最先端技術の救助機材を装備した国際救助隊になることもできます。世界中で予測を超える災害が起こる今、各国の救助隊が力を合わせれば、助け合いの素晴らしい惑星になることもできるのです。

同じものをどのような意味で使うのか。地球上のあらゆる技術、あらゆるものをどのような意味・内容で使わせて頂くべきか、私たちは「有意味行為の原則」に沿って考え直すべき時に来ているのです。同じ行いでも意味する内容によって、他を喜ばせることも、悲しみや苦しみを与えることもできるのです。科学技術こそ、地球上で人類をはじめすべての生物が素晴らしく生きていくために、使っていくべきものではないでしょうか。

その理で行えばその理が働きます

「その理《り》で行えばその理《り》が働く」という原理があります。では〝その理〟とは何でしょうか?

「その理」とは、『大親神大生命』に対し奉り、その事柄を行う意識・気持ちのことです。「有意味行為の原則」でお授け頂いたように、どういう「理」で行うかが大事なのです。『大親神大生命』に対し奉りどのような「理」で行わせて頂くか、理で設定させて頂いてその行いをすると、その理が働くのです。大自然界のすべての営みをして下さっておられます『大親神大生命』に対し奉り、理で行うからこそ『大親神大生命』はその理をお受け取り下さり、その理の現象をお与え下さるのです。

例えば難航している仕事上の問題があったとします。その問題を、『大親神大生命』に対し奉り親感謝して、「この問題をプラスの喜びで通らせて頂きます」という理で行なったとします。プラスの喜びの理で行なったのですから、プラスの理が働くのです。『大親神大生命』に対し奉り最大・最高・最善の真心と大いなる親感謝と真感動の実感を持って理で行わせて頂くからこそ、『大親神大生命』に、その理をお受け取り頂いて理が働くのです。

『大親神大生命』は「大親心の御親愛と御親意」という貴き御心・お気持ちをお持ちになっておられます。『大親神大生命』の御心は永遠普遍なる絶対なる御心・お気持ちです。『大親神大生命』が御心・お気持ちを大切にされておられるので、私たち全生物も気持ちを大切にしているのです。私たちは気持ちによって行動しています。そういう気持ちになるから、その行動をしているのです。

『大親神大生命』にお受け取り頂くためには、私たちの意識・気持ちが大事なのです。

自分にとって苦手な上司がいたとします。挨拶もしたくないくらい嫌な上司です。そういう時は、『大親神大生命』に対し奉り、次のように念じて通ってはどうでしょうか？

「『大親神大生命』、ここをプラスの気持ちで、自分がニコニコと努力して通らせて頂きます。地球上のすべての人が仲良くなって通れるようにプラスで通ります。よろしくお願い申し上げます」と、地球がプラスになるための理で通るのです。

『大親神大生命』は真心で努力したら必ずお受け取り下さいます。『大親神大生命』がお受け取り下さったら、素晴らしい現象として、その上司とも上手く通れる現象を現して下さいます。その理で行えば、その理が働き、自分が願った現象を頂くことができるのです。さらに自分が上司と上手くいくようになるだけでなく、『大親神大生命』にお受け取り頂くことができたら、その事が種となって、地球は皆が仲良く通れる素晴らしい星へと一歩前進するのです。

『大親神大生命』にお受け取り頂くためには、私たちの「気持ちの理」が大切です。「地球の救済のために」「『大親神大生命』のお役に立たせて頂きたい」という、真念と真心で今日一日の色々な行動を行えば、その理が必ず働きます。『大親神大生命』がその理としてお受け取り下さり、素晴らしい現象として現して下さるのです。「有意味行為の原則」で、今日一日をどういう理で生きるかということが大切です。『大親神大生命』に対し奉り、親感謝の気持ちを持たせて頂き、今日一日をどういう理で生きるか、この一生をどういう理で生きるか、その内容、目的、気持ちが大事なのです。「その理で行えばその理が働く」素晴らしい世界なのですから。

実際に行なったことが「生命霊観念」の収穫になります

『大親神大生命』は生命の御子らの「生命霊」の真成長発展のために「親物質現象界」を現して下さいました。「親物質現象界」で実際に肉体を持って様々な体験・経験をすることにより「生命霊」に味わいを収穫することができるのです。〝実際に行う〟ということが大事なポイントです。

例えばトマト農家の人が、「トマトはこうやって栽培する」という作り方だけを知っていて、種を蒔かなかったとします。いつまでたってもトマトを収穫することはできません。トマト農家の人は畑を耕し、土に栄養を与え、種を蒔き、水をやり、育てる作業を実際に行なっているから、トマトが収穫できるのです。そして実際に努力して、その行いをするからこそ、トマトを育てる味わい、喜びを「生命霊」に観念として収穫することができるのです。

同じように『大親神大生命』の真理法則を学んでも、知識として知っただけで実行しなければ何も変わりません。

例えば「プラスの種を蒔けばプラスが生えてくる」ということを知識では知っていても実際に行わなかったとします。プラスの行いをしていないのですから、プラスの種は蒔かれていませんのでプラスの結果は出てこないのです。苦手な相手にプラスの行いをしようといくら思っていても、考えていても、実際に行わなければ、何の変化も起きないのです。

実際に苦手な人に笑顔で接して通り、その人と素晴らしい人間関係を努力して築くことができたとします。その努力をした人は実際に行なったので、「生命霊」に、「苦手な人でもプラスの関係にして通れる」生き方を収穫したことになります。実際に自分でその生き方を実行したので、「生命霊の理《り》」になったのです。「生命霊の理」になると、その人の気持ちに収穫されているので、今世だけでなく来世生まれ変わった時にも、苦手なタイプの人とでもプラスの関係を築いていく生き方ができます。どんな人とでもプラスで通ることができるようになるのです。

ここで大事なのは『大親神大生命』の真理法則に沿った生き方を、ただ知識として知っているだけでは来世に持っていけないということです。自分が実際に理に沿った生き方をして「生命霊」に収穫しておくことが必要です。

なぜなら、『大親神大生命』が「親物質現象界」において肉体を持って、実際に体験・経験をして味わい、感じたことを「生命霊観念」として収穫されるような仕組にしていて下さっているからです。したがって、『大親神大生命』の真理法則に沿って、実際に努力して通ったら、「生命霊」に新たな観念を収穫することになり、それが「生命霊」の成長発展になります。『大親神大生命』より頂いている「生命力働」を使わせて頂き、能動的・積極的に真理法則に沿った「理の生き方」をさせて頂けたら、「生命霊」は、ますます高まっていくことになっているのです。

第四章

大自然界の十元《じゅうげん》の理法《りほう》

～大自然を構成している根源的な真理法則～

十元の理法とは

『大親神大生命』は「親生命界」「親命霊界」「親物質現象界」という「大親真体系大自然界」を創造し、現して下さっておられます。この「大親真体系　大自然界」を構成する根源的な理法を「十元の理法」といいます。「十元の理法」は『大親神大生命』が、この世を構成し、運営して下さるために設定して下さった理法ですので、あらゆる存在・現象がこの「十元の理法」によって成立しています。したがって、「十元の理法」のどれ一つが欠けても、この世は成立しなくなってしまうのです。

「十元の理法」は何人が気づこうと気づかざるとにかかわらず、また好むと好まざるとにかかわらず、いつでも、どこでも、何にでも永遠普遍に働いている『大親神大生命』の絶対的な掟・法則なのです。

『大親神大生命』の「生命の御子　生命霊」である私たちは「十元の理法」を理解

し、大自然界の「真理法則」に沿って考え、行動することにより「大親真体系　大自然界」の秩序の中で調和し、発展していくことができるのです。

「十元の理法」と宗教の教義とでは大きな違いがあります

「十元の理法」と宗教の教義はどう違うのでしょうか。

「十元の理法」は、『大親神大生命』がして下さっている大自然の事実であり、その事実をもって事実であることを証明することができます。

大自然の真理法則である「十元の理法」はいつでも、どこにでも何にでも働いている永遠普遍の掟です。したがって、「十元の理法」に関係なく生きていくことはできません。人間が好もうと好まざると、気づこうと気づくまいと、信じようと信じまいと、そういった人間の思いに関係なく絶対的に働いている大自然の力、掟が「十元の理法」です。ですから、宇宙が始まったとされる138億年前も、恐竜の時代だった約2億年前も「十元の理法」は働いていました。宇宙には無数の星がありますが、そのそれぞれの星にも「十元の理法」は働いているのです。

一方、宗教の教義とは、人間によって作られたものです。したがって、「キリスト教」の教えは「仏教」には通用しません。宗教・宗派の教義は、それぞれの宗教・宗派のその中でしか通用しないのです。宗教の教義は、その宗教を信じている人にしか通用しないのです。

人間が作った地球上の宗教は、全生物が生きていくのには全く関係がありません。様々な宗教の教義がいくらあったとしても、本質的な生命・生存には何の関係もないのです。しかし「十元の理法」がなければ、私たちは生きていくことができません。存在することすらできないのです。もっと言えばこの宇宙さえも存在しなくなるのです。

「十元の理法」

『大親神大生命』が「大親真体系　大自然界」をお創りになられ、営みをして下さるためにお決め下さった掟・理法が「十元の理法」です。『大親神大生命』は、私たち地球人からでは、絶対にわからない「大自然の掟」をお授け下さいました。あまりにも大いなる理法ですので、私たちが全部を理解できるものではないのです。『大親神大生命』がして下さっておられるこの大いなる大自然の掟に対し奉り、大いなる親感謝と畏敬の念をもたせて頂き、理解させて頂いた範囲で、「十元の理法」を一つずつ、お伝えさせて頂きたいと思います。

1. 能動変化の理法

「すべてが能動的に変化しており、大いなる方向へと向上している」

『大親神大生命』は能動的意志により大自然界をお創り下さり、時々刻々と変化していく世界にして下さっておられます。生命は「何かをする力と働き」ですから、必ず〝何か〟をしています。〝何か〟とは変化です。ですから、この世の中はすべて時々刻々と変化しています。一瞬たりとも止まっていることはありません。常に進化発展しているのです。大自然界におけるあらゆる変化・現象の根源はすべて『大親神大生命』の「能動的意志の力動」によってなされています。

『大親神大生命』は、この「能動変化の理法」をもって、大自然界を創造し、営んで下さっておられます。あらゆるものを常に能動変化させて下さっておられます。ですから、この世の中のすべての存在は、基本的には全部『大親神大生命』の理によって変化しています。

朝が来て、夜が来るということ。地球の自転、太陽の周りを回る公転も変化です。

宇宙自体も『大親神大生命』が１３８億年前にビッグバンによって現して下さり、今日まで変化しています。ミクロの世界では原子核の周りを電子が回っています。常に変化しているのです。生物の細胞は新陳代謝で生まれ変わっています。赤ちゃんは誕生し、成長して大人になり、歳をとってやがて肉体的死を迎える。これも変化です。

この変化を私たちは当然のことと思っていましたが、これらのことは人間が行なっているものではありません。『大親神大生命』が「能動変化の理法」でもって、行なって下さっている「大自然の事実」なのです。

「能動変化の理法」に沿えば素晴らしい人生へと変化します

『大親神大生命』の大いなる生命の一部を頂いている私たちです。『大親神大生命』

の能動変化のお力・お働きも、もちろん頂いております。生命を頂いている限り、私たちはこの能動的な意志の力と働きによって変化させていくことができます。

自分の思うような生き方、自分が願う人生、運命・環境に変化させて頂くことは可能なのです。あらゆることを「能動変化の理法」に沿ってプラスに切り換えていくことは可能なのです。しかしながら、「能動変化の理法」がわかっていない人がたくさんいます。「条件が悪いからダメだ」「自分は不幸な運命で、運命はこれ以上良くなることなどない」「この頑固な性格は変わらない」等と、変わらない、変わらないと思っていませんか？　自分がそう思っている限り能動的に変化させて頂く力がとても弱く、変化することはできないのです。

「能動変化」させようというエネルギー、生命力を開発できれば、いかなることでもできるようになります。より困難な状況・環境から、プラスへ変化させることができた方が、「能動的な力」や「変えていく力」はますます強くなっていきます。条件が不利なほど、運命・環境が大変なほど「能動変化」でやり甲斐があるのです。

様々な人生課題に直面した時は、「能動変化の理法」に沿って、「よし！　やるぞ。今度はこのように変えていこう」という素直な気持ちでやってみることが大切です。この気持ちが高まってくることが自己の生命力が高まることなのです。つまり、能動変化する力というのは、自分の生命力、エネルギーが活発化している状態なのです。自らがやっていく力、与えられた運命・環境を自分で素晴らしくしていく力、いかなることも「能動的」に変化させていく力を身につけられたら、こんなに素晴らしいことはありません。「能動的な意志」次第でどんなことでも可能なのです。

『大親神大生命』より、何でもできる「生命」のお力・お働きを私たちは頂いているのですから、その事に親感謝して能動的に行なっていけば、『大親神大生命』が必ずより素晴らしいものに変化させて下さるのです。

絶対に解決できないと思っていた地球の様々な問題さえも『大親神大生命』に願って、地球を素晴らしい星に変えていくのだという「能動的意志」さえあれば、絶対に変えていくことができるのです。

『大親神大生命』が能動変化の理法でもってこの世を営んでおられるのですから、その理に沿えば、どんな運命や環境であっても、いくらでもプラスに変えていくことができます。能動変化の理法に沿えば、「不可能を可能に」していくことができるのです。

2. 平均・調和・安定の理法

「すべてはより大きな調和・安定へと向かって変化している」

『大親神大生命』は「平均・調和・安定の理法」の力と働きをもって大自然界を創造し、営んで下さっておられます。

「平均・調和・安定の理法」とは、すべての事柄や現象は、大きな調和や安定へ向かって変化しているということです。平均・調和・安定の理法は「バランスの法則」と言っても良いでしょう。すべての事はバランスが取られて収まっているのです。

例えば、地球が太陽の周りを回っています。地球が太陽の周りを回っているということは、太陽の引力と地球の遠心力が釣り合って調和されているからです。もしも遠心力の方が強かったらどうでしょう？　地球は軌道から飛び出してしまいます。逆に引力が強かったら太陽の方に引っ張られてしまうでしょう。このように、「平均・調和・安定の理法」が働いているから地球は太陽の周りを公転できているのです。

食物連鎖も食べるものと食べられるものの数のバランスが取れているから成り立っています。

ミクロの世界でも、原子核の周りを電子が回っています。これもやはりバランスがとられています。

私たちの呼吸はどうでしょう。吸う息と吐く息がやはり調和しているから、呼吸もしていられるのです。このバランスが壊れると病気という問題になってしまいます。「大自然界」のすべてはバランスが取られて存在しているのです。

では、今の地球上はどうでしょう。人間が自分たちの目先の欲を求めた結果、色々なところでバランスが壊れてしまい、地球の大きな問題となっています。『大親神大生命』が「平均・調和・安定の理法」により地球上の空気や海流を常に循環させ、気温や海水温はちょうど良い温度になるよう保って下さっています。

ところが、近年は、人間の活動が引き起こした地球温暖化により、世界中の気温が上がり、このバランスが取れなくなってきています。干ばつ、大規模な山火事、ゲリラ豪雨、台風の巨大化などの気候変動はここに起因します。

また、地球上で人類だけが増えすぎて、食物連鎖が成り立たなくなっています。人間による乱獲と過剰消費で様々な動植物が次々と絶滅の危機に追い込まれています。それにもかかわらず世界では、本来食べられる食品を年間25億トンも捨ててしまっています。一方では、飢餓状態で苦しんでいる人が約8億人もいるのです。この事も人類が「大自然界」の「平均・調和・安定の理法」に逆らって生きている証拠だといえるでしょう。

人間が自己中心になり、環境を顧みずに、便利さを求めて「今さえよければ」と楽をした分だけ、一歩間違えば、自分たちの地球を破壊してしまうほどの状態まで悪化させてしまったのです。

現代人の私たちは、地球にマイナスの種を蒔いてしまっているのです。マイナスの種を蒔いたからには、どこかで苦労しなければならないのも一つのバランスです。つまり、「平均・調和・安定の理法」は物理現象のみならず、運命や環境にも働いています。

世界の人口は70億を突破していまだに増え続けています。しかしながら、環境や資源、食料を考えると、20～30億が地球の定員と言われています。人間はこの事を真剣に考える必要があります。

自然界の食物連鎖における生態系のピラミッドは、本来、ちょうどよく調整されていました。「平均・調和・安定の理法」が働いているからです。けれども現在は人口が増えすぎてバランスが崩れています。全体から見て個体数が増えすぎた生物は、何らかの現象で個体数が調整されてしまいます。

囲まれたケージの中で過剰な数のネズミを飼うと、お互いに殺し合ったり共食いし始めたりします。人間も、その例外ではなさそうです。各国が防衛という名目で軍備を拡張し、人間同士で殺しあい、内乱などを含めると、常に世界のどこかで戦争が行われています。

核戦争などをすれば、人口が減るどころか、人類は滅びてしまいます。

気候異変による食糧危機、天変地異、隕石の落下、ウイルスの発生。人類は「十元の理法」を知らず、切迫感や危機感を持たずに、大変な綱渡りをしているのです。私たちは「平均・調和・安定の理法」を理解し、その理に沿った生き方をする必要があります。

地球が「平均・調和・安定の理法」に沿った惑星になれるかは、私たち一人ひとりが、目の前の小さな調和・安定の均衡を超えて、より大きな、地球全体の「調和・安定」に向かって能動的意志でどれだけ努力できるかにかかっているのです。

徳のバランスと運命・環境

より良く生きていくには「徳」（真生命霊財産《しんせいめいれいざいさん》）が必要です。これは物質的に持っている財産とは違い、それぞれの「生命霊」に与えて頂いている財産です。したがって、目には見えません。目に見えない徳は私たちの運命・環境に確実に働きます。徳があれば、運命・環境はプラスになりますが、逆に徳がなくなると、運命・環境が悪くなります。プラスの行いをすれば徳は増えますが、マイナスをするとバランスをとって徳が減ってしまいます。徳は、人間のお金の収支バランスと同じ原理です。これも「平均・調和・安定の理法」が働いているのです。

ではどうすれば徳が増えたり減ったりするのでしょうか。それは、自分の今日一日の生存が他の生命にとってプラスを与えることができたか、「自分、自分、自分」と自己中心で他のプラスは全く考えないで生きたかで決まります。プラスを与えた分が己の「徳」になり、逆にマイナスを与えてしまったら、運命的財産が借金を抱えたことになります。積極的に良いことをして、徳（真生命霊財産）を増やしていけば、高い次元の「調和・安定」で生きていくことができるようになるのです。より素晴らしい価値ある人生・運命を生きていくことができます。

「平均・調和・安定の理法」で一番大事なことは『大親神大生命』の御心に調和させて頂く気持ちです。

「『大親神大生命』、今日もこのように大自然の大いなる生命のお力、お働きによって、私は活かされ生きております。ありがとうございます」と親感謝することが、『大親神大生命』の御心に調和させて頂いたことなのです。

「『大親神大生命』、このような職場をお与え頂きありがとうございます。お与え頂いた場で最大に周りにプラスを与えて頑張ります」など、自分の運命・環境・人間関係を喜び、親感謝させて頂いて今日一日を生きていけたら、それは『大親神大生命』がお受け取り下さる生き方であり、最高に価値のある調和なのです。

3. 出発発展の理法

「すべては常に新しい形状に向かって出発し、進化発展している」
『大親神大生命』は「出発発展の理法」の力と働きをもって大自然界を創造し、営んで下さっておられます。
「出発発展の理法」とは、すべての事柄や現象は、常により新しい状態に向かって時々刻々と出発発展しているということです。

この世の中のものはすべて常に新しい形や状態に変化発展していっていませんか。例えば、私たちの体も赤ちゃんとして出発した時からずっと変化し発展し続けています。一歩前に進むことすら、前にいた位置とは違うので、「出発発展」しているのです。

この世の中のすべての存在・現象というのは時々刻々と新しい状態や形に向かって

変化していっているのです。心の状態も同じことです。新しい状態に向かって常に変化しています。赤ちゃんから幼年・青年、そして大人になるにつれてより多くのこと、新たな気持ちを感じられるように発展しています。常に「出発発展」しているのです。この「出発発展の理法」が働いている以上、変わらないものはないのです。

「出発発展の理法」というのは『大親神大生命』が決めて下さった生命の掟です。『大親神大生命』は能動的な生命のお力・お働きをもって常に変化させて下さり、新しい形状に向かって「出発発展」させて下さっているのです。『大親神大生命』のお力・お働きにより、この宇宙も138億年前のビッグバンによって始まりました。まさに宇宙の出発です。

さらに『大親神大生命』は、この宇宙にすべての物質、恒星、惑星をお作り下さいました。これが宇宙の発展です。そして地球上に40億年をかけて、原始生物、魚類、両生類、爬虫類、哺乳類と、次々と新しい生物へと発展させて下さいました。「生命の御子」である私たちの生命霊は、生まれ変わりを通して様々な生物の生涯を体験・

経験し、「生命霊」を高めさせて頂きました。

『大親神大生命』は、「出発発展の理法」をもって、時々刻々と新しい運命・環境をお与え下さり、「生命の御子　生命霊」を今日までお育て下さっています。

私たちは今、時空間の世界である「親物質現象界」に活かされ、生きています。一瞬一瞬、時々刻々と時間は未来へと出発しています。


「出発発展の理法」は、もちろん気持ちの世界にも働いています。私たちは気持ち次第で、プラスへもマイナスへも、どちらへも「出発発展」していけるのです。

ですから、「私の人生は真っ暗で幸せになることなどありません」ということはあり得ないのです。どうしてでしょうか。「出発発展の理法」のお力・お働きが働いている世界です。自分の気持ちをプラスの方向に出発発展させればよいのです。やる気になって「よーし、やろう！」と思ったその時から、出発発展すれば良いのです。

ところが変化しないで意固地になって頑張っている人もいます。「自分はだめだ。人生は真っ暗だ」という気持ちを変えないでいます。この人はマイナスの方に向かって出発しているのです。「だめだ」と一回言うごとに、ますますだめな気持ちは増えていくのです。

『大親神大生命』に生命を頂いて、今日も活かされ生きています。「ありがとうございます」というプラスの親感謝の気持ちを何回も何回も繰り返していくと、いつのまにかプラスの気持ちに変わります。私たちには能動的な自由意志があるのですから、プラスの方にもマイナスの方にも、どちらにも出発発展できるのです。

ここで大事なことは、どちらにでも、どんな事にでも出発発展はできるのですから、色々な人生問題があったとしても、「この問題こそ、自分をより高め、発展させる種なのですね！」とプラスに捉えて、プラスに向かって出発発展していくことです。自分自身を素晴らしくする種だと思って出発して、その気持ちで生きてみて下さい。すると実際にプラスの行いの種を蒔いたのですから、結果として絶対にプラスになるのです。

『大親神大生命』に対し奉り、人生課題をお与え頂いたことに親感謝して、その問題に取り組めたら、もっともっと理が働きます。考えられないほどのプラスの結果を頂くことができるのです。「出発発展の理法」が常に働いているのですから、輝く未来のために、積極的にプラスの行いの種蒔きをしていくことが大切なのです。

運命がもたらす様々な問題や課題に対して、マイナスの気持ちを持ち続けることは「出発発展の理法」に背くことになります。過去の出来事を省みることは大切ですが、そこに立ち止まり、くよくよと悩み続けること、後悔の念に苛まれることは、理に背くことなのです。なぜなら、生命の大親である『大親神大生命』はあなたを素晴らしく成長発展させようという御親愛でその問題をお与え下さっておられるのですから、素晴らしい種にすることができなければ、『大親神大生命』の御心に背くことになるのです。だからこそ、思い切ってプラスの新しい気持ちを持ってみましょう。それこそがわくわくする、新しい出発なのです。私たちはどこからでも新しい出発をすることができるのです。どんなに困難であっても、理に沿ったプラスの新しい気持ちで出発し、新しいプラスの運命・環境を切り開いていくことができるのです。

4. 循環・還元の理法

「すべては循環し、繰り返しながら発展している」

『大親神大生命』は「循環・還元の理法」の力と働きをもって大自然界を創造し、営んで下さっておられます。

「循環・還元の理法」とは、大自然界のあらゆる存在・現象のすべては循環しており、繰り返しながら発展しているということです。

すべての存在・現象は循環しており、循環する力と働きで大自然界は成り立っています。まず自分の体を見てみましょう。体の中の血液は循環し、それによって酸素は循環し、体の隅々へと届けられています。息を吸う、吐くというのも循環で、酸素が供給され、二酸化炭素が排出されています。このように、体一つとってもあらゆるところに「循環・還元の理法」が働いているのです。

ミクロの世界では、すべての物質の原子は、電子が原子核の周りを回っています。そのような電子の循環がなければ、物質は存在できないのです。地球そのものも、自転をしながら、太陽の周りを回っています。この事により、朝が来て夜が来ます。これも「循環・還元の理法」が働いているといえます。

地球上では水や空気、熱などのエネルギー、様々なものが循環しています。地球規模の循環があってこそ、すべての生物は生きていくことができるのです。

『大親神大生命』がして下さっている「循環・還元の理法」は、目に見える物理的現象だけではなく、運命や環境、人間関係にも働いているのです。

他に対してプラスの行いをすると、自分にプラスの運命・環境が巡り巡ってきます。「情けは人のためならず」という日本古来の諺は、人に対して情けをかけると、巡り巡って自分に良い報いが還ってくるという意味ですが、まさにこの事を言っているのです。逆にマイナスの行いをすると、当然ながらマイナスが自分に還ってきます。

この理法の働きがわかっていれば、私たちは自ずと生き方を変えることになるでしょう。自分は少し苦労してでも、相手に喜びを与えることができたとします。与えたものがプラスの喜びですから、自分にプラスの喜びの気持ちが還ってくるのです。あるいは、相手が自分にマイナスの嫌なことをしてきたとします。その時こそ最大のチャンスです。『大親神大生命』に「生命霊の成長発展のための道中ですね。ありがとうございます！」と親感謝して、相手にプラスを行なって通りきれば、自分が与えたものはプラスですから、絶対にプラスの現象が起きるのです。

それを、私たち地球人はなかなかできていません。マイナスをされたら、マイナスで返してしまうからです。「目には目を、歯には歯を」とお互いにマイナスを与え合って、世界中のあらゆるところで、歴史を通して戦争や紛争を起こしているのです。地球人がこの「循環・還元の理法」を理解し、「蒔いた種通りに自分に還ってくる」ことが魂にしみていたら、積極的に相手にマイナスを与える行いはしなくなるはずです。

「自分だけが良ければいい」という自分中心の生き方は、他にマイナスを与え、そのマイナスが結局、後から自分に還ってきてしまいます。そして、それは今世だけのことではないのです。

例えば、今世で地球の温暖化の原因を作る生き方をしてしまったとします。するとどうでしょう。自分が蒔いた種ですから、今度生まれてくる時は、温暖化が一層進んだ一番大変な時に、環境破壊・異常気象が深刻化した地球で、大変な道中を通らなくてはいけない運命になることもあるのです。しかしこれは罰ではありません。『大親神大生命』はその人の「生命霊」に「温暖化がどれだけ大変で、地球の生物を苦しめてしまったか、わかりましたか」と大親心で、温かく教えて下さっているのです。大変な道中を自分自身で通れば、その「生命霊」は「そういうことはしてはいけないのだ」と「生命霊」にしみるのではないでしょうか。プラスの種を蒔くことが永遠にどれだけ得なのかということを学ぶのではないでしょうか。

自分が相手に与えたものが循環して還ってくることがわかっていたら、相手のものを奪おうという気持ちは湧いてきません。今地球上で起きている戦争や人種差別、民族紛争などの悲しい現実は、人類が「循環・還元の理法」をわからずに、平気で相手にマイナスを与えてしまっている結果なのです。私たちが今すぐに、自己中心の生き方から、他にプラスをする生き方に転換しなければ地球自体が危ういのです。「蒔いた種通りに還ってくる」という「循環・還元の理法」を悟り、他にプラスを与える生き方を誰かが始めれば、プラスの現象を『大親神大生命』が現して下さいます。お互いが助け合ってプラスを与え合う、本当に素晴らしい地球へと変わっていくことができるのです。

5. 強度・継続の理法

「すべてはそのようであろうとしている。慣性の法則はその一部である」

『大親神大生命』は「強度・継続の理法」の力と働きをもって大自然界を創造し、営んで下さっておられます。

「強度・継続の理法」とは、すべての存在・現象はより長くそのままであり続けようう、そのようであろうとしている、ということです。

例えばテーブルがずっとテーブルとして存在しているのは、テーブルであろうとする「強度・継続の理法」が働いているから、テーブルとしてそこにあるわけです。私たちは日常生活において、いつも通りにあらゆるものがそこにあることは当たり前だと思って通っております。全く気にもしていませんが、そのものがいつも通りにある・存在しているということは、その状態を保とうとしている「強度・継続の理法」が働いているのです。強度・継続する力がなければ、同じ状態を保つことができないのです。

物質は力を加えない限り、その状態を保とうとする性質があります。無重力の宇宙空間で、ものを動かすと、どこまでも同じ速さで動き続けます。止まっているものは止まっているまま、動いているものはそのままの速さで動くのです。この性質を、物理学では「慣性の法則」と言います。そしてこれは「強度・継続の理法」の力と働きによるものなのです。

地球は太陽の周りを公転しながら自転し続けています。もちろん、「循環・還元の理法」が働いているのですが、「強度・継続の理法」が働かないとそのように続いていかないのです。

原子は原子核の周りを電子が回って構成されています。回っている電子の数はいつも一定です。電子の数がいつも変わっていたら、その原子は成り立たず、「物質界」も成り立ちません。

『大親神大生命』はこのように「強度・継続の理法」でもって、同じ状態が維持できるようにして下さっているのです。

『大親神大生命』は、「十元の理法」を設定し、その力と働きをもって大自然界を営んで下さっています。もし「十元の理法」が頻繁に変わってしまったら、どうなるでしょう。それでは大自然界は成り立ちません。「強度・継続の理法」が働いているから、安心して「真理法則」に沿って生きていくことができるのです。

人間社会の法律も日々変わるようなことがあれば、社会は混乱し、人々は安心して生活できなくなるでしょう。法や掟、方法には、継続性が必要なのです。

この「強度・継続の理法」は気持ちにも働いています。「そのままであり続けよう」という理が働いているから、自分が自分であり続けようとする力が働くのです。だから、人は「性格は変わらないから」とか「自分は頑固だから」などと言って、自分にとって欠点となっている性格ですら、より良い方へと変えていこうとはしないのです。自己の固有の気持ちを持ち続けようとするのです。結果、自分の気持ちに執着してしまい、自己中心になり、低次元の自分の気持ちを正当化したり、自己弁護したりしています。相手の気持ちは全く無視してしまい、自分のこの気持ちこそ正しいと自己正当化や自己弁護を行なってしまうのです。

しかし、自分の気持ちに執着すればするほど、気持ちはどんどん狭くなり苦しむ結果となるのです。生命の本質は普遍的に発展していくものなので、自分に執着して自己縮小していくと、最終的には自己消滅になってしまい、「そのままであり続けること」ができなくなってしまうのです。

『大親神大生命』の貴い生命の一理を頂いている私たちは、何でもできる「生命の力と働き」を頂いています。自分の能動的意志で、「生命の法則」に沿って気持ちをさらに高いプラスの気持ちへと絶え間なく切り換えて発展していくことが「生命の御子」の本来の生き方なのです。

「強度・継続の理法」の力と働きを積極的に頂くことにより、私たちは運命・環境においてもプラスの目的を達成することができます。

「継続は力なり」という言葉があるように、プラスの結果を出すためには、強い「真《しん》念《ねん》」を常に持ち、努力し続けることが大切なのです。真念とは、『大親神大生命』の真理法則を基準としている念のことです。

『大親神大生命』に親感謝申し上げ、貴き理に沿って努力していれば、『大親神大生命』がその真心の生き方をお受け取り下さり、より高いプラスの気持ちを必ずお与え下さるのです。『大親神大生命』は「強度・継続の理法」に沿って努力していれば、必ず素晴らしい現象や運命・環境をお与え下さいます。ここで大切なことは「こんなにやっているのに」という自己評価はいらないということです。『大親神大生命』がお受け取り下さるまで、一生懸命「強度・継続」でプラスで頑張れば、自分の想像以上の結果を必ず『大親神大生命』はお与え下さるのです。

6．種類分化の理法

「すべては固有性を持った種類に分かれている」

『大親神大生命』は「種類分化の理法」の力と働きをもって大自然界を創造し、営んで下さっておられます。

大自然界のあらゆる存在・現象はその固有性（〝個〟有性）をもってのみ存在しています。「個は他の個たり得ない」のです。

この世はすべて種類分化されてのみ存在しています。この理法を「種類分化の理法」といいます。この世のすべてのものは、皆それぞれに違っています。全く同じものはこの世に存在しないのです。例えば太古から現在まで、そして地球上のあらゆる場所で雪は降ってきました。これだけの雪が降ってきているというのに雪の結晶はすべて違う形をしています。一つとして同じものはないのです。これも「種類分化の理法」が働いているからです。

もし「種類分化の理法」が働いていなければリンゴやバナナという様々な果物は存在しません。さらに果物・野菜・穀物などの食物の種類も存在しなくなります。食物である・食物でないという違いもありません。太陽・地球・月という星の種類も存在しません。物質も分子・原子・素粒子などの種類も違いもなくなってしまいます。このように「種類分化の理法」がなければ、すべての存在がなくなってしまうのです。種類・分化があるという事はこれだけありがたいことなのです。

人間の顔も、それぞれ全く違います。たとえ一卵性双生児であっても、全く同じということはありません。どんなに美しい形でも、皆が同じ顔だったら、誰が誰だかわからないでしょう。

『大親神大生命』は、全生物に固有の姿形を与えて下さり、大自然の生態系の中で、それぞれ違った役割と働きをお与え下さり、全体が成り立つようにして下さっています。すべてにおいて様々な違いを創り、固有性を持たせることは人間の力ではできません。私たちはそれが当たり前だと思っていますが、当たり前ではないのです。

『大親神大生命』の大いなる営みは、宇宙というマクロの世界からミクロの世界まで、その一つひとつに「固有性」をお与え下さっているのです。『大親神大生命』のこの偉大なる御業を感じさせて頂くと、自然と畏敬の念と親感謝の気持ちがあふれてくるのではないでしょうか。

しかし地球人類はこの「種類分化の理法」による「固有性」をマイナスに捉えてしまっていることがたくさんあります。お互いに個を認め合うということをしてきておりません。人種差別や宗教・宗派の争い、共産主義と資本主義の争いなどは「違い」をマイナスに捉えているのです。

それは自分の身近な人間関係においても言えます。それぞれの固有性（個性）をマイナスに捉え、自分が気に入らないからと感情で相手を非難したり否定したりしています。相手の固有性（個性）をプラスに捉えることができていないのです。『大親神大生命』の「種類分化の理法」により、すべての個はその個特有の性格・性質を持って存在しております。自分という個は二つとない存在なのです。自分はこの世で他の誰もが持っていない特有性を持った存在であることを自覚させて頂き、貴い存在であるという認識をさせて頂く事ができたら、自分がダメな人間だと否定することはなくなります。

また自分の個を尊重することができたら相手の固有性（個性）も貴い存在であることを認識することができ、相手のことも尊重することができます。自分にはない相手の良さを発見することができるのです。それぞれの違った個々がお互い協力し合うこと、調和していくことで素晴らしい関係となり喜びと味わいが大きくなっていきます。

種類分化されていて個々の存在があるということは、個は全体のために総合調和されていかなければなりません。『大親神大生命』からすべての存在は、「同じ生命」を頂いているので、生命はもともと「一体全体」なのです。そこには調和があり、秩序が働いています。したがって、個は全体のために役に立ってこそ存在することができるのです。個々の存在が力を合わせ調和することができて初めて安定することができるのです。

個々の存在があるから調和ということが成り立ちます。人間関係も個々に違っているからこそ、お互いに歩み寄り合わせていくために努力することで、相手と調和する喜びと味わいがあるのです。お互いの違いを認め合うからこそ、調和を保つためにさらに大きな心へと「生命霊」は成長発展させて頂くことができるのです。

地球人がこの「種類分化の理法」をわからせて頂くことができたら、人種差別もいじめの問題も宗教・宗派の争いも地球上から消えていくのです。世界各国の様々な料理を味わうように、相手の文化・慣習・生き方もお互いに味わいとして感じられたらどうでしょうか。

『大親神大生命』より同じ生命を頂いた「生命の家族」なのですから、お互いの違いを味わい、「生命霊」のプラスの収穫にしていくことができるのです。

お互いが相手を理解しようと努力していけば住みやすい地球にすることができるのです。

地球人がお互いの固有性を尊重し合い、味わうことができたら「対立」はなくなるはずです。相手の生き方が自分と違うからといって攻撃するのではなく、相手の生き方をも自分の生き方の味わいとして受け入れることができたら、地球から争いは消えていくのではないでしょうか。誰もが戦争は悲しいことだと思っているのに地球人は止めることができないでいます。『大親神大生命』がお創り下さっている「種類分化」を親感謝と喜びで味わうことができたら、地球から争いは消えていくはずです。

7. 終止限界の理法

「すべてにある一定の限界があり、終わりがある」

『大親神大生命』は「終止限界の理法」の力と働きをもって大自然界を創造し、営んで下さっておられます。

「終止限界の理法」とは、大自然界のすべての存在・現象は、一定の限界があり、終わりがあるということです。『大親神大生命』は、すべての事に必ず始まりと終わりを設定して下さいました。

始まりと終わりは必然的な組み合わせです。その状態が終わるから、次の状態へと移ることができるのです。わかりやすい例を挙げますと、小学校の一年生が終わるから、二年生になることができます。一年生のまま二年生にはなれないのです。このように終わりがあるから、次の段階に進むことができるのです。地球の歴史を見ても、恐竜時代が1億6500万年も続いておりましたが、恐竜の時代が終わったからこそ、次の哺乳類の時代に進化することができたのです。この太陽系も宇宙も「終止限界の理法」が働いているので、いつかは終わりがやってきます。しかし、終わりがあるということは次に向かっての新たな出発があるということです。終わりがなければ、次に進むことはできないのです。

全生物に誕生があり、死があります。もしも全生物が産まれ続けて死ぬことがなければ、この地球上は生き物であふれかえってしまいます。またもし死ぬことがなく、永遠に一つの同じ体で生きていくとしたら、大変な苦しみになるでしょう。

人生を一区切りとして「肉体の死」があることは大変ありがたいことなのです。生まれ変わって「親物質現象界」に誕生してくる時に、『大親神大生命』は新しい体を貸して下さいます。新たな体を頂いて誕生してくることも親感謝ですが、人生を納め、肉体をお返しし、「親命霊界」の生存に戻らせて頂けることもまた親感謝なのです。

『大親神大生命』は、地球上では40億年もの間、輪廻転生により「生まれて死ぬこと」を繰り返し体験させて下さいました。

しかし、私たちはどうでしょう。

誕生する時は「おめでとう」と言って喜びます。

ところが肉体的死を迎えて体をお返しする時は、体を使わせて頂いた感謝を『大親神大生命』に対し奉り申し上げたことが無いのではないでしょうか。

「生命の御子　生命霊」が自分の本質であり、「生命霊（気持ち）」は死にません。「生命霊」を成長発展させて頂くために、『大親神大生命』は、輪廻転生を通して、新しい肉体・新たな運命・環境をお与え下さるのです。しかし、生命が永遠であることをわかっている人間はどれくらいいるでしょうか。

肉体的死は、すべての終わりではないのです。本当は誕生も死も、ともにありがたい現象なのです。花はそれをよく現しています。美しく咲いた桜が満開を過ぎ、静かに散っていく様には「終わり」の味わいがあります。「終わり」があるから、また来年に桜が咲いた喜びがあります。ずっと桜が咲いたままだと、春に桜が咲く感動が薄れてしまうと思いませんか。今年の桜が終わり、来年にまた桜が咲くから、素晴らしい味わいを得ることができるのです。

「終止限界の理法」は気持ちにも働いています。例えば自分がある人に対して「嫌いだな」という気持ちを持っていたとします。「嫌いだ」という気持ちを持ったまま「好き」になることはできません。「嫌い」という気持ちを終わらせないと、「好き」にはなれないのです。「嫌い」を「好き」にしていくには、努力が必要です。相手にプラスのことを一生懸命にしていると、いつのまにか「嫌い」の気持ちが、自分の中から消えて、「嫌い」だった人とも素晴らしい人間関係を作ることができるのです。

しかし、「嫌い」な人のためには、なかなかプラスのことはできないものです。その時のコツは『大親神大生命』に対し奉り親感謝で通ることです。

「『大親神大生命』、地球がプラスの世界になるように、この人ともプラスの関係で頑張ります。ありがとうございます！」と親感謝で通ってみましょう。「生命霊」が成長発展していくためには、今持っている自分の気持ちを終わらせないと、次の高い気持ちは持てないのです。

『大親神大生命』に親感謝をさせて頂いて、気持ちをプラスに切り換える努力をしていれば、『大親神大生命』がその真心をお受け取り下さいます。

すると『大親神大生命』が今までの気持ちを終わらせて下さり、次の段階の高まった自分にして下さるのです。今までの気持ちとは違った気持ちをお与え下さるのです。ですから、不思議なことに、ある日から突然「嫌い」でたまらなかった人とも仲良く通れたりするようになるのです。「嫌い」なタイプの人とも上手く通れるようになった人は、「生命霊」が成長発展したといえるでしょう。今までの気持ちが終わって、違った気持ちへと出発することができたのです。今までの気持ちを終わらせることができたから、さらに大きな発展した気持ちへと進んでいくことができたのです。

「終止限界の理法」に沿って、気持ちの努力をしていけば、どんどん、限りなく、気持ちは成長発展していくことができるのです。

8．作用総合の理法

「すべては総合的に作用し、影響し合っている」

『大親神大生命』は「作用総合の理法」の力と働きをもって大自然界を創造し、営んで下さっておられます。

「作用総合の理法」とは、大自然界のあらゆる存在・現象は総合的に作用し影響し合っているということです。「作用」というのは何らかの影響を及ぼし合うということです。「総合」といえば、全部に繋がりがあるということです。この世の中のものは全部、何らかの意味で影響し合っています。何らかの意味で全部関連があるのです。「サハラ砂漠の砂の一粒が自分に関係がありますか」と聞かれたら、普通ですと「関係がない」と答えてしまうでしょう。でも関係があるのです。砂漠は一粒の砂の集合体ですから、砂漠全体として地球の重さに影響があるのです。砂漠の砂の一粒一粒が無くなったら、地球から砂漠がなくなってしまうでしょう。そうすれば、その分だけ地球の質量が変わってきます。そうすると地球の引力が変わるのです。一歩一歩、歩く感覚すら違ってきてしまいます。そうなると自分に関係ないとは言っていられないのです。遠くの砂漠の一粒ですら、なんらかの意味で自分にも影響しているのです。

では、どうしてすべてが関係し合っているのでしょうか。

その答えは『大親神大生命』の大いなる生命によってすべては成されているからです。すべてが『大親神大生命』の生命から出ていますので、もともとは一つなのです。生命は「一体であり全体」なのです。もともとは一つだから、すべてのことが関連し合い、すべてのことが総合的になって成り立っているのです。

『大親神大生命』は、すべてのものを、必要だから存在させて下さっています。お互いに作用・影響し合って必ず全体の役に立つようにして下さっているのです。

人間の体のことを考えてみましょう。

人間の体の中も「作用総合の理法」により、想像もつかない現象が起きています。

臓器がお互いに直接、情報をやり取りすることで、人間の体は成り立っています。

体内の酸素が足りなくなると、腎臓が「酸素が足りない」というメッセージを出し、それが骨に伝わると「酸素が少ないのなら、酸素を運ぶ赤血球を増やそう」と、赤血球を増産します。このように脳からの一方通行の指令だけではなく、まるでインターネットのように情報が臓器の中を巡り、連携しながら支え合っているのです。

そして、「作用総合の理法」により、気持ちが体にも大きな影響を与えています。〝病は気から〟と言います。気持ちは、体内の60兆もの細胞に影響を及ぼしているのです。

気持ちをプラスにして積極的に笑うと、免疫細胞が活性化して、病気にかかりにくくなります。事実、笑うことで癌細胞が小さくなるというような話もあります。反対に悲しみやストレスなど、マイナスの気持ちを持つと、免疫細胞の働きが鈍くなり、病気になりやすくなります。気持ちは体に大きく影響しているのです。

『大親神大生命』は様々な運命環境を与えて下さり、その中で、人間関係を通して、お互いがプラスに作用し合い、ともに生命霊を高めるようにして下さっています。

しかし現実の生活の中ではどうでしょうか。例えば夫婦の間で、夫の機嫌が悪くてムスッとしていたら、妻の方も気分が悪くなって不機嫌になってしまいます。影響を受けてしまうのです。それを、お互いに相手のせいにしているのです。相手の顔つきや態度が悪いから自分の気分が悪いと思っているのです。

では、ここで妻が夫に笑顔でプラスの言葉をかけたとします。「今日のそのシャツ似合っているわね、素敵！」と妻が笑顔で褒めたとします。「作用総合の理法」が働いていますから、夫はプラスの気持ちになるのです。褒められて気分が悪くなる人はいないでしょう。嬉しくなって、つい顔がほころんでしまいます。夫婦がお互いにプラスの影響を与え、幸せに通っていたらその家庭は幸せな家庭といえるでしょう。日本で一組でも幸せな夫婦が増えたら、それだけ日本は幸せな国となっていきます。喜びで日々を通る人が増えたら、世界はそれだけ幸せになります。

私たちは普段考えておりませんが、「作用総合の理法」で影響し合っているのですから、私たちの今日の行いが、今日の生き方が、実は世界全体に影響しているのが事実なのです。ですから、今この瞬間に私たちがマイナスの意識を持ったり、生きることを否定的に感じたり、不平不満を言うことは即、地球全体に影響しているのです。そして、それは、大自然の大いなる生命であります『大親神大生命』がお決め下さったプラスの生き方に逆らった生き方になってしまうのです。

『大親神大生命』は「生命の世界」も「気持ちの世界」も「物質の世界」も「作用総合の理法」でもって、総合的にこの「大自然界」の営みをして下さっておられます。私たちも肉体だけでなく、自分の観念や生命力、すべてが影響しているのです。ですから、自分の行いを総合的に行なっていくことが大切です。

「この人と仲良くなりたい」と思ったら、一生懸命プラスを念じてみて下さい。『大親神大生命』に「仲良く通らせて下さい」とプラスを念じるのです。そしてその人に対して、笑顔、明るい態度、その人と仲良くなる行いを実行してみて下さい。そうすれば絶対にプラスの結果を頂けるのです。

しかし、「人間関係の良い環境で働きたい・過ごしたい」と口では言いながら、実際は自分にとって苦手な人が来ると顔をしかめてしまったり、ぞんざいな態度をとってしまうことがあります。自分が嫌な態度をするから、「作用総合の理法」でその態度が運命や環境に影響していくのです。

「作用総合の理法」が働いている世界です。自分の行動次第で、プラス・マイナスどちらの影響もできるのです。プラスの影響ができたら、総合的にすべてがプラスへと変わっていくのです。

家庭や職場、友人・知人などの様々な人間関係がありますが、本質的にはお互いが『大親神大生命』の「生命の御子　生命霊」で、「生命の家族」なのです。「作用総合の理法」を実感して、お互いの気持ちを尊重し、大切にし合うことで「生命霊」の関係が良くなっていきます。自分に与えられた運命・環境の中で、皆がお互いにプラスし合う関係、そのようなプラスの生き方になったらどうでしょう。このプラスの生き方は「作用総合の理法」が働いているのですから、地球の生き方に影響していくのです。

人種・民族・国・言葉や文化の違いを超えて、地球が一つになって、楽しく喜びで通れる惑星になっていくためにも、あなたの今日の生き方が大きく影響していくのです。今までついカッと怒ってしまっていた場面で、頑張って笑顔で通れたら、それだけ地球はプラスの惑星へと前進するのです。一人ひとりが責任重大なのです。自分の今日の生き方が地球の生き方に影響すると思うと、日々の様々なことに「やりがい」が出てきませんか。

9. 原因・結果の理法

「すべては原因であり種であり、すべては結果であり収穫である」

『大親神大生命』は「原因・結果の理法」の力と働きをもって大自然界を創造し、営んで下さっておられます。

「原因・結果の理法」とは、大自然界のあらゆるすべての存在・現象・事柄には必ず、原因があり、結果があるということです。

例えば、麦の種を蒔けば、麦が生えてきます。かぼちゃの種を蒔けば、かぼちゃが生えてきます。麦の種を蒔いてかぼちゃが生えてくることはありません。

蒔いた種通りの作物が収穫できるという「原因・結果の理法」がわかっているから、農業を行う時に安心して種を蒔くことができるのです。麦の種を蒔いて何が収穫できるかわからないようでしたら農業は成り立たなくなってしまいます。

『大親神大生命』は、必ず原因通りの結果が出るようにして下さっておられます。「原因通りの結果が必ず出る」というこの「原因・結果の理法」は、どんな場合にも当てはまります。物質的な現象だけではなく、運命・環境といったことにも働いているのです。

他に対してプラスの行いの種を蒔けば、プラスの現象が自分の運命・環境で現れます。

逆に他に対してマイナスの行いの種を蒔けば、自分の運命・環境でマイナスの現象が起きてきます。しかし、地球人は自分の運命・環境にも「原因・結果の理法」が働いているということには気づいていないのです。「自分の運命はなぜこんなに悪いのだ」とか「あの人にはどうしていい事ばかりが起きるのだ」といったことをよく聞きます。

『大親神大生命』は大自然界のすべてに「原因・結果の理法」を働かせて下さっておられます。ですから、運命が悪い人はマイナスの種を蒔いてしまったからマイナスの結果になっているのです。マイナスの種を蒔いたつもりはなくても、結果がマイナスならば、気づかなくてもやはりどこかにマイナスの種を蒔いてしまったのです。良いことが起きている人は、良いことが起こるプラスの種を絶対に蒔いているからプラスの結果になっているのです。

自分の運命・環境にそのような結果が現れてきた以上は、誰が何と言おうと、何を信じようが、どう思おうが、自分が蒔いた種通りの結果なのです。原因は自分の行いにあるのですから、自分の運命・環境を誰かの責任に転嫁することはできません。自分で蒔いた「行いの種」は自分の責任として、実際の行いによって刈り取らないといけないのです。誰を恨んでも、怒っても何の解決にもならないのです。自分の運命・環境を他の人のせいにしたり、運命を恨んだり怒ったりすれば、余計マイナスの種が増えるだけで、結局、損をするのは自分になってしまいます。

今世、何も悪いことはしていないのに、どうしてこんなに不幸が起きてしまうのだろうと思うこともあるでしょう。また、周りから見てもこんなに良い人なのに、なぜ薄幸な人生なのだろうと思える人もいるでしょう。私たちは生まれ変わりの輪廻転生をしています。その中で、他に対してプラスの行いをしたこともあれば、マイナスの行いをしてしまったこともあるはずです。前世の自分の行いや言動の種が、今世の運命・環境となって現れていることもあるのです。

「原因・結果の理法」は、時間と空間を超えて永遠・普遍に働いています。

今の自分では理解できない現象も、生まれ変わりの中で自分が蒔いた行いの種が原因になっているのです。「原因・結果の理法」を運命的に当てはめると、実に厳しいとも言えますが、逆にこんなにありがたいことはないのです。自分が努力して、真理法則に沿わせて頂いたプラスの種を蒔けば、いかなる運命・環境も絶対にプラスにすることができるからです。

ですから大事なのは、どんな現象も目先の感情で捉えないことです。「原因・結果の理法」に沿って、客観的に冷静に分析すれば、必ずその原因がわかってくるはずです。自分の今の運命・環境をしっかりと見つめれば、自分の今までの生き方を省みることができます。

ではどうすれば運命・環境を変えていけるのでしょう。今の運命・環境は、今までの自分の行いの結果なのですから、これから蒔く「行いの種」を思い切って変えてみるのです。行いの種が変われば生えてくる結果が絶対に変わるからです。

目の前に問題があったら、それは自分の生命霊をプラスに切り換え、高めていくチャンスです。プラスの行いの種を積極的に蒔いていけば、必ず運命・環境にプラスの現象が起きてきます。

例えば人間関係で問題があった時、いくら相手のせいにしても解決しません。けれども、根気強く、相手に対してプラスの種蒔きをし続けていけば、プラスの現象が起きてきます。

『大親神大生命』は真心のプラスの行いをお受け取り下さり、プラスの結果を必ず与えて下さいます。常に『大親神大生命』が見て下さっているという気持ちで生きていれば、人の行動や言動に影響されず、プラスの行いの種を蒔いて貫いていくことができるのです。

目先の現象に感情的になって振り回される生き方から、プラスの行いの種を蒔き、主体的にプラスの「運命・環境」を創っていく生き方へと変わっていくことができるのです。

『大親神大生命』の大親心は、すべての「生命の御子　生命霊」が、それぞれの運命・環境で他にとってプラスになる種蒔きを行い、喜びや感動の気持ちを収穫して「生命霊」を高めていくことを願って下さっています。

「原因・結果の理法」がすべてに働いていることを理解し、それに沿った行いをしていけば、私たちの「運命・環境」は素晴らしいものへと発展していきます。

今、地球は大変な危機に直面しています。温暖化、内戦、宗教・宗派の争い、一歩間違えば核戦争が起きてもおかしくありません。地球はいつ滅亡するかもわからない、たくさんの問題を抱えています。悲しいことですが、これは地球人が歴史を通して蒔いてきた「行いの種」の結果なのです。

『大親神大生命』の「原因・結果の理法」という貴き真理法則をわからせて頂いた私たちは、今こそ、地球にとってプラスとなる「種蒔き」をしていかなければなりません。

『大親神大生命』に対し奉り、今日一日活かされ生きている親感謝を行わせて頂くこと、相手がプラスの気持ちになるように笑顔で努力させて頂くこと、その一つひとつが素晴らしい地球の未来のための種とならせて頂けるのです。

『大親神大生命』にお受け取り頂けるように、真心をもって素晴らしいプラスの種蒔きの日々を通ることとは、地球が素晴らしい惑星になるために絶対必要不可欠な地球人の新しい種蒔きの生き方なのです。輝ける未来に向かっての生き方です。

10. 機会・場の理法

「あらゆることがすべて向上発展の機会であり、場である」

『大親神大生命』は「機会・場の理法」の力と働きをもって大自然界を創造され、営んで下さっておられます。

「機会・場の理法」とは、大自然界のあらゆるすべてのことが、向上発展の機会であり、場であるということです。

この世のあらゆる存在や現象というものは、必ずそれをさせる「機会」が必要です。

つまり、あらゆる存在や現象を現すためには、それを現す「時間（タイミング）」が必要なのです。これを「機会」といいます。

そして、存在や現象を現すためには、それを現す「空間（場所）」が必要です。これを「場」といいます。

『大親神大生命』は、この「親物質現象界」を、「時間」と「空間」の世界として設定して下さいました。『大親神大生命』は一瞬一瞬、すべての存在・現象に「機会・場」をお与え下さっておられるのです。すべては「機会」と「場」によって存在しているのです。

例えば、目の前にグラスがあったとします。グラスがそこにあるためには「そこにある」という時間（機会）と場所（場）を頂いているから、そこに存在することができるのです。私たち自身も、『大親神大生命』より「機会・場」を頂いているからこそ、今ここに存在することができているのです。

何かが起こるには、その事が起きるための「機会・場」が必要です。「機会・場」がないと、何も存在することはできないのです。

『大親神大生命』は私たちを、時空間の世界である「親物質現象界」に生まれさせて下さり、常に「機会・場」をお与え下さり、私たちが素晴らしい味わいを「生命霊」に収穫できるようにして下さっています。「機会」と「場」があるからこそ、私たちは様々な気持ちを感じたり、味わったりすることができるのです。

例えば、「野球」という味わいをするには、試合日時という「機会」と、野球場という「場」の設定が必要です。そしてその機会と場で実際に野球を体験することにより、「勝って嬉しい」「負けて悔しい」「楽しかった」「友情が深まった」などの気持ちを収穫することができるのです。

すべての生物は「生命の御子　生命霊」として活かされ生きております。つまり今私たちは、肉体的に生きているだけではなく、「気持ち（生命霊）」が生きているのです。したがって大事なのは「気持ち」の収穫なのです。私たちは、この「親物質現象界」で様々なことを体験・経験して日々を通っておりますが、これはすべて気持ちを収穫するためなのです。


すべての「生命の御子」が自己の本質である「生命霊」を高め、大自然の営みのお役に立っていくのが「生命の法則」であり、生きる目的です。『大親神大生命』からお与え頂いた運命・環境のすべては、「生命霊」を高めるための貴い機会と場なのです。

『大親神大生命』がお与え下さった、運命・環境という様々な体験・経験の「機会・場」を通して、私たちは様々な気持ちを収穫し、「生命霊」を成長発展させて頂いているのです。

例えば、私たちは家族や友人などの人間関係を通して、自分とは違う観念を持つ相手と交流しています。相手の気持ちを理解し、良いところを学び吸収することで、自分の観念を広げていくことができます。相手の気持ちを大切にすることで、気持ちと気持ちが繋がっていきます。

『大親神大生命』は人生の様々な問題や課題を、生命霊の成長発展の「機会・場」として与えて下さっています。私たちはその問題や課題をマイナスに捉えやすいですが、本当は自分を成長させ、高めていくチャンスなのです。

人間は、物や体、お金といった、目先の現象に囚われがちですが、本来はそれが生きる目的や本質ではありません。目先の運命・環境をただ良くするのではなく、様々な人生問題を真剣に体験・経験することで、「生命霊」の観念がさらに広がり、大きく発展していくのです。家内安全、商売繁盛といった現世御利益だけを求めても、「生命霊」の成長発展にはなりません。

人生の様々な問題は、それを通して新しい事を学び、生きる味わいを収穫するために『大親神大生命』からお与え頂いた人生課題なのです。そして、その課題をクリアすることで、次に同じ系統の人生課題が与えられても、プラスで解決していくことができる「生命霊」へと成長発展することが出来るのです。

学校では、先生が生徒に問題を出して生徒がそれを解く、という形で授業をしています。生徒が理解できていないところがあれば、そこを重点的に教えたり、宿題やテストに出したりします。それはなぜでしょう。先生は生徒に、わかっていないところを理解させて、生徒が自力で問題が解けるようにしたいからです。

しかし生徒の方は、「毎日授業を受けるのが辛い」「宿題が多くて大変だ」「テストは嫌だ」「遊んだ方が楽しい」と思っています。「先生は自分のために問題を出してくれているのだ」と感謝する生徒はいないでしょう。

『大親神大生命』がお与え下さった人生課題に対して、私たちは生徒と同じような気持ちを抱いているのではないでしょうか。「人生を生きるのが辛い」「こんな問題があって大変だ」「こんな人生は嫌だ」と不平不満を言う人はいても、その貴い機会・場をお与え下さった『大親神大生命』に対し奉り親感謝させて頂いた人は誰もいませんでした。

『大親神大生命』は、私たち「生命の御子」が人生課題を通して、どんな運命・環境でもプラスで通っていくことのできる「生命霊」になるようにと、その「機会・場」をお与え下さっているのです。『大親神大生命』は一人ひとりに、その人の「生命霊」が素晴らしく成長発展するために、絶対に必要で、最適な人生課題を、それぞれの運命・環境の中でお与え下さっているのです。

どんな人生課題であろうと、運命・環境であろうと、それは『大親神大生命』の絶対なる愛であり、最高の「機会・場」なのです。

『大親神大生命』がわざわざ自分のためにお与え下さった人生課題だと思うと「ああ、なんてありがたいのだろう」という親感謝の気持ちが湧いてきます。

『大親神大生命』に対し奉り、自分の運命・環境、人生課題を頂いたことに親感謝を持って、「生命霊」を成長発展させて頂く喜びと感動で通らせて頂けば、『大親神大生命』はその真心をお受け取り下さいます。その人が努力して一生懸命通っていることを、一番理解して下さっているのは『大親神大生命』なのです。その結果、絶妙なタイミングでプラスの結果を現象として頂くことができるのです。

人間の計算を超え、まるで偶然のように思える現象も、すべて『大親神大生命』の大いなる理のお力・お働きによって、時空間に現して下さったものなのです。

『大親神大生命』が自分たちのために一瞬一瞬、常に「機会・場」をお与え下さっていることを感じて、親感謝して生きていくとどうでしょう。今までとは全く違った、味わいあるプラスの時空間を生きていくことになるはずです。

『大親神大生命』が自分のためにわざわざ与えて下さったと思うと、その「機会・場」が特別なものに感じられるのではないでしょうか。

第五章

大自然界の真理法則に沿って より良く生きる

真理法則に沿った生き方を実際に行なってみる

これまでの章で、『大親神大生命』が大自然の大いなる真理・理法をもって大自然のすべてを現し、営んで下さっていることをわからせて頂いたと思います。

そしてなによりも、『大親神大生命』の大いなる大親心の大きな愛によって、全生物が活かされ生きていることをわからせて頂くと、気持ちに変化が起きてきているのではないでしょうか。

ここで大切なのは、単なる知識で終わらせないことです。例えば、お医者さんは医学的知識を患者さんのために使ってこそ、医学を学んだ価値があります。医学部を出て医師免許を持っていても、患者さんを一人も治したことがなければ、その医学的知識は全く活きないのです。

『大親神大生命』がこの地球で『大親神大生命』の事実のお授けをして下さっているのは単なる「知識」としてお与え下さっているのではありません。お授け頂いた「大自然の真理法則」に沿って、現実の生活の中を一人でも多くの人がより良く生きていけるようにするためなのです。

『大親神大生命』が真理法則によってお創り下さったプラスの素晴らしい世界なのですから、その真理法則に沿って生きていけば、絶対に運命・環境がプラスへと切り換わっていくのです。

そこで一番大事なのは、『大親神大生命』がお授け下さっている大自然界の事実を「そうだ」と思って実感することです。「実感」することができたら、人はそのような行動をとります。気持ちが行動を起こすからです。「知識」でわかっていても、その気持ちにならなければ人は行動が変わりません。「知識」だけで、その行動をとらなければ、プラスの素晴らしい結果は現れないということです。

「麦の種を蒔けば麦が生えてくる」ということを知識でいくらわかっていても、実際の種蒔きをしなければ麦は生えてきません。実際に種を蒔かなければ、収穫はできないのです。日常生活の中で、真理法則に沿ったプラスの種を実際に蒔いていく。そうすれば自分の人生の中に素晴らしい結果を収穫することができるのです。

実際に真理に沿って生きてみると、今までの自分の気持ちとは全く違うプラスの気持ちに『大親神大生命』が変えて下さるのです。実際に行なったからこそ、その人の生き方になり、理の生き方ができる「生命霊」になるのです。その事ができる「生命霊」になれたら、生まれ変わりしても、その生き方ができる「生命霊」となるのです。

肉体をパソコン、生命霊をソフトに例えるとわかりやすいと思います。パソコンを替えても、ソフトが同じならば、同じ内容が映し出されます。生まれ変わって肉体が変わっても「生命霊」が同じだと同じ生き方をするのです。

ですから、今こそ『大親神大生命』の真理法則に沿って、実際に生きていくことがとても大切なのです。今世のうちにどんな人生課題があったとしても、『大親神大生命』に親感謝して、喜びで通っていける「生命霊」になったとします。すると、今度生まれ変わっても、そういうソフトの「生命霊」ですから、どんな人生課題でも、喜びで通っていける幸せな生き方を次の生涯でもできるようになるのです。今世「生命霊」が成長発展したら、その段階（レベル）から次の生涯が始まるのです。「生命霊」に徳があれば、その「徳」に見合った運命・環境も頂くことができます。自分の生き方次第で、来世の自分の運命・環境までも違ってくるとなると、一日一日の生き方をとても大事に生きていこうと思いませんか。

それだけではありません。『大親神大生命』の理に沿った生き方ができる人が増えれば、それだけ地球に新しい理の生き方の種が蒔かれ、地球も大きくプラスの星へと発展していくことができるのです。地球にとっても絶対必要不可欠なプラスの生き方なのです。だからこそ、この章では実生活の中で、理に沿って生きる生き方をお伝えしていきたいと思います。

『大親神大生命』の御親愛を感じて生きる

『大親神大生命』はすべてのものに生命をお与え下さり、大自然界のすべての事をして下さっておられます。あまりにもすべての事をして下さっておられるので、私たちはそれが「当たり前」となって生きてしまっています。私たち人類は、大自然の大いなる営みに対して、いつもあるのが当然で、特に感謝もしないという、大変不遜な生き方をしてきてしまいました。それだけの営みをして下さっている『大親神大生命』の御心に気づきもせず、感じようともしないで私たちは通ってきました。その結果、地球人類は大自然の真理法則に逆らい、生命を粗末にし、地球を滅亡の危機にさらしてしまっています。

生命の大親である『大親神大生命』の親御存在を地球人類がわからせて頂いて親感謝で生きていくことができたら、地球は救われ、お互いの生命を大切にして生きる素晴らしい惑星へと生まれ変わることができるのです。そのために『大親神大生命』は大自然の事実のお授けをこの地球でして下さっておられます。

『大親神大生命』のお授けを頂いて、私たちは初めて『大親神大生命』のお気持ち・御心に触れさせて頂くことができました。

では、『大親神大生命』はどういうお気持ちですべての事をして下さっているのでしょうか。

『大親神大生命』はすべての「生命の御子」が喜びと感動で、この「親物質現象界」を通ってほしいと思って下さり、大自然のすべての営みをして下さっておられるのです。そこには『大親神大生命』の大いなる御意志と御親愛が働いております。

生命があり、今日も色々な活動ができること、心臓が動いていること、呼吸をしていること、新しい朝が来たこと、春になり新緑が素晴らしいこと――今まで「当たり前」と思っていたことが実はすべて『大親神大生命』がして下さっていると感じることができたらどうでしょう。『大親神大生命』の御親愛を感じさせて頂けるのではないでしょうか。「愛」は感じなければ存在しません。

『大親神大生命』の大親心の大きな愛を能動的・積極的に感じてみて下さい。

『大親神大生命』の大きな愛に包まれて活かされ生きていることを感じることができたら、今日一日を生きる気持ちが違ってきます。活かされ生きることの喜びが自分の中から湧き上がってくるのです。「生命の大親」の大いなる愛は、いつでもどこでもすべてに満ちあふれていますので、感じようとすればいくらでも実感することができるのです。「自分はこんなに大きな愛に包まれて、今日も活かされ生きているんだだ！」という気持ちで日々を送れたら、どんなに幸せなことでしょう。

『大親神大生命』の大いなる愛を感じさせて頂くことができたら、永遠・普遍に「生命の大親」に抱えて頂いている安心感を常に持つことができて、情緒が安定するのです。


『大親神大生命』の大いなる御親愛に包まれて活かされ生きていることは事実ですから、その事実を実感して、親感謝して通ることができたら、今までとは全く違う気持ちで生きていくことができるのです。

「『大親神大生命』のお力・お働きによりこの花も咲かせて下さっている」「朝日が昇り、新たな一日をお与え頂いている」など、『大親神大生命』がして下さっているあらゆることを感じながら一日を通ると、不思議なことに今までと同じ風景なのに、『大親神大生命』の大親心の御親愛をそこに感じることができるようになっていきます。親感謝の気持ちと喜びがあふれてきます。生命の感動です。

感じた人に感じただけの「愛」が存在します。今から『大親神大生命』の大いなる愛を実感してみて下さい。心の奥底から、初めて味わう温かな喜びや感動が湧いてくるはずです。

幸福の本質

誰にでも、「より幸せになろう」「より良く生きよう」という本質的な欲求があります。より幸せになろう、より良く生きようというのは『大親神大生命』が生命あるものにお与え下さった、本質的な生命の方向性です。ですから、誰でも、生命あるすべてのものは、より良くなっていく力を持っているのです。

虫一匹をとっても、より多く餌を探して子孫を繁栄させようとしております。植物も栄養や水分を求めて根を伸ばし、光のある方へと枝や葉を伸ばしていきます。これは「より良く」生きようとしている姿だといえます。人間も国、言葉、風習、食べ物、生活習慣などは違っていても、「幸せになりたい」という欲求は、世界中のどこの人であろうとも共通なのです。

では、幸せというのは何でしょうか？

現代は昔と比べると物があふれて、科学文明も発達し、生活は便利になっています。では現代人は昔の人よりも「幸せ」でしょうか？　必ずしもそうとは言えません。むしろ不平不満やストレス（厭世観、無気力感）は増えているような感じを受けます。いくら物やお金があっても「生きていくのが苦しい」「毎日辛い、大変だ」と生きていれば、感じ方がマイナスで暮らしているのですから、幸せであるわけがありません。

幸せというのは、「その人が幸せと感じなければ永遠に幸せはない」のです。

わかりやすい例として食べ物の好き嫌いで考えてみましょう。

納豆の好きな人にとっては、納豆を食べると美味しく感じます。しかし、嫌いな人にとっては臭いだけでも嫌な顔をしますし、美味しく感じられません。では、納豆は美味しいのでしょうか、まずいのでしょうか。納豆は「納豆の味」でしかありません。それをどう感じるかということなのです。

幸せというのも、その人が、自分の運命・環境をどう感じるかということなのです。二人の姉妹がいて、姉は「素晴らしい両親のもとで良かった、幸せだ」と感じて通ったとします。姉と同じ家に生まれても、妹は「こんな親で毎日が辛い」と思って通ったとします。他人からみれば、同じ環境なのですが、その家庭をどう感じるかで姉と妹の「幸福感」は全く違ってくるのです。

同じ運命・環境でも感じ方によって、幸せにも不幸にもなれるのです。『大親神大生命』は私たちに「感性」をお与え下さり、どんな気持ちでも感じられるようにして下さっています。無限の気持ちを感じられるようにして下さっているのに、地球人類は残念なことに、マイナスの気持ちの方を、わざわざ選択していることが多いようです。

不平不満、不安、苛立ちなど、マイナスの気持ちの方を選択して生きていくのは損な生き方です。一生を通ってマイナスの気持ちの収穫しかなかったら、それは価値のない一生になってしまうのですが、私たちは日々の感情に流されて、そのことをつい忘れてしまうのではないでしょうか。

「幸福の本質」というのは、実は自分の心の方にあったのです。運命・環境・人間関係、それをどのように感じるかは「自分の心」次第なのです。心は無限なる自由選択性を持っているのですから、能動的意志でマイナスの気持ちを収穫するより、プラスの気持ちを収穫した方が絶対に得なのです。どんな気持ちでも自由に感じることができます。「生きることの素晴らしさ」を感じようという意志があれば、無限に感じることができるのですから、同じ運命・環境であっても、感じ方がプラスになれば、幸せな日々を過ごすことができるのです。

今日一日生きること、瞬間、瞬間を「素晴らしい」と感じたら、幸せな気分になります。それをもっと、もっと開発していくのです。感動や喜びの気持ちを思い切って感じられたら、その人の「生命霊」は素晴らしい喜びや感動を持った「生命霊」になるのです。

「生きる」目的は「生命霊」に素晴らしい収穫をすること

「生きる」ということの本質は何でしょうか。

私たちが生きているのは、「生きて良かったな」という気持ちを収穫するためなのです。「生命霊」に素晴らしい味わいを収穫して、幸福感を持つためなのです。『大親神大生命』はこの「親物質現象界」に「生命の御子」を誕生させて下さり、肉体的生存をさせて下さっています。それは肉体的生存を通して、私たちに最大・最高の生存の感動を味わわせて下さるためなのです。私たちはそのために生きているのです。

映画を観るのは、「感動したよね、あの映画」というように、「気持ちの味わい」を持つためではないでしょうか。会社で仕事をしていても、「こういう仕事をして良かった」という達成感などを味わうために働いているのではないでしょうか。食事をするのも、生きていくための栄養を摂るだけでなく、やはり「美味しかった」という味わいをするために食べているのでしょう。結婚しようと思ったのも、「一緒に暮らして良かったな」という気持ちを味わうためではないでしょうか？　親感謝や喜び・感動・達成感などプラスの気持ちを味わえば味わうほど、感じれば感じるほど「幸福感」は大きくなります。

『大親神大生命』に対し奉り、こうして「親物質現象界」で様々な味わいをさせて頂いていることに親感謝させて頂き、生きる喜びを感じて日々を送れたらどんなに幸せでしょうか。

心には無限性があるのですから、その幸せはどんどん大きくなるはずです。「幸せ」は「幸せ」と感じた人に感じただけの「幸せ」が存在します。たくさん、幸せを感じれば、ますます幸せになるのです。そして、一人でも多くの人が幸せを感じて喜びで生きられるようになれば、地球は〝幸せな人が住む星〟になっていくのです。

今日一日のすべての出来事を、「こんなに素晴らしい」とプラスに感じるように、心を開発していけば、人生のいかなる道中をも、最大・最高・最善の「幸せ」の実感をもって通ることができるのです。

どんな事があろうと、どんな問題が起きようともそれが問題ではないのです。自分がどれだけ素晴らしい喜びや感動の気持ちをもってその事を行えるかが大事なのです。大変な問題に直面しても、「『大親神大生命』に問題を頂いて、また成長発展できる」という喜びにすればどうでしょう。そこに存在するのは「喜び」の気持ちなのです。プラスで通るから、蒔いた種通りの結果でプラスの結果となります。そこに喜びや幸せがあるかは誰のせいでもなく、自分次第なのです。

あなたの心の感じ方次第で、最高に幸せな人生を通ることができるのです。こんなに幸せなことはないと思いませんか。

悟りと我慢の違い

「悟り」とは、苦しみを喜びや楽しみに変えていく力をいいます。「悟り」の一番のポイントは、喜びと感動で通っていけることです。プラスの方で通っていくのが「悟り」です。

「悟り」は、何か問題があった時に、その問題を「『大親神大生命』よりお与え頂いた課題なのだ」と、親感謝しプラスに捉えて、積極的に努力します。そして解決できた時には、大きな喜びや感動、達成感などのプラスの気持ちを生命霊に収穫できるのです。

一方、「我慢」は、人生課題をマイナスとして捉えるので、苦しみになります。したがって「嫌だ」「辛い」「苦しい」「大変だ」というマイナスの気持ちを生命霊に収穫することになります。しかも、じっと我慢するだけなので、問題はいつまでも解決しません。『大親神大生命』がお与え下さった人生問題を、「悟り」で通るか、「我慢」で通るかで、これほど大きな違いが出てくるのです。

今まで私たちは、「我慢」することは良いことだ、美徳だと思っていました。しかし、苦しくて辛いことをじっと耐えて待つのは、実は「マイナス」だったのです。例えば、夫が酒飲みで、それをじっと耐えている妻に対して、周りの人は、「あの人は我慢ができて立派な人だ」と言います。しかし、これは間違いなのです。夫が酒飲みでそれが問題だったならば、「自分はどう行動すれば良いだろうか」と、能動的・積極的に解決していくことが「悟り」なのです。

職場に非常にやりにくい相手がいた場合はどうでしょう。「悟り」の生き方ができる人は、「『大親神大生命』、課題をお与え頂いてありがとうございます」と親感謝して、「よし、頑張ってこの問題をやってみよう！」「相手のために一つでもプラスをしてみよう！」と、積極的に努力します。今までは「この人、苦手だな……」と避けていたなら、明るく相手に接することから始めてみます。真心を尽くして一生懸命努力し、『大親神大生命』がその真心をお受け取り下さると、相手との関係が良くなるという現象を頂けるのです。

一方、「我慢」は、「あの人のせいで、自分は大変な思いばかりしている」「あの人はいつも嫌なことをしてくるので癪に障る」と、相手が悪くて、それを自分はじっと我慢している、という考え方です。「私はこんなに正しいのに」「私はこんなに頑張っているのに」と自己弁護や自己評価したり、「私は何も悪いことをやっていない」「向こうが悪いんだ」と人のせいにしている限りは「我慢」なのです。自分のことばかり考えているのは「我慢」の姿です。それで問題が解決したためしは地球上で一度もありません。

また、「我慢」している間はどんな気持ちでしょうか。「こんなにつまらない職場はない」「今すぐ辞めたい」と、辛くてやり切れなくなるのではないでしょうか。「我慢」している場合は、必ず「苦しみ」になります。「我慢」は必ずマイナスの気持ち、マイナスの意識を持つのです。

自分が一番問題にしていること、自分が一番気に病んでいることを、積極的に努力し解決していくことを「悟り」といいます。それが最も価値のあることであり、本当の人生の味わいになるのです。人間関係が悪ければ、良くなるように努力していくのが「悟り」です。夫婦でも親子でも兄弟姉妹でも職場でも、積極的に仲が良くなるように努力してみて下さい。笑顔一つ、言葉一つでも良いのです。相手にとってどんなことをすればプラスか、相手の気持ちになって考えて、一つずつ実行してみます。そうして一歩ずつ前進し、一番苦手な相手と一番仲良くなれたら、これが「悟り」なのです。

『大親神大生命』はその人の「生命霊」の成長発展のために、最も必要な人生課題を与えて下さいます。その課題は、自分が「生命霊」として生きていくうえで、絶対に克服しなければならない課題です。『大親神大生命』は千にひとつの狂いもなく、一人ひとりの「生命霊」に一番適した人生課題をお与え下さっているのです。『大親神大生命』は、その人が解決できない課題はお与えにはなりません。しかも私たちは『大親神大生命』より「生命」という、何でもできる力を頂いています。今、自分に与えられた問題というのは、本気になって取り組めば、必ずプラスに解決できる問題なのです。

苦しみを喜びに変える力、本気になって努力して解決していく力、今日一日を喜びと感動で生きる力――これが「悟りの力」です。そして、自分に与えられた人生課題を「悟りの力」で解決させて頂くことができたら、『大親神大生命』がそれを地球のプラスの行いの種としてお受け取り下さり、地球上の問題が一つ減ることになるのです。

これから何か問題があった時には、積極的・能動的に、あえて困難に挑戦してみて下さい。困難であればあるほど、その人生課題が解決しマイナスがプラスになった時に、より大きな喜びを得ることができます。それが『大親神大生命』にお受け取り頂ける「悟り」の生き方なのです。

主体性と責任転嫁

主体性・自主性とは、責任の本質を自分に帰する生き方です。すべての事を自分の責任として解決していく生き方です。

私たちは日常生活の中で何か問題が起きると、つい瞬間的に他のせいにしてしまいます。

会社では「自分はちゃんとやっているのに上司がダメだから全体が回らない」「部下が仕事をしないからこちらの負担が増えて大変だ」「自分は正しいのに周りが意見を聞かなくて頭にくる」などと思ってしまうことはないでしょうか。

家庭では「夫の態度が悪いからストレスが溜まる」「妻がいつもイライラしているから疲れる」などと思ったことはありませんか。

「自分はちゃんとやっているのに、……正しいのに、……頑張っているのに」――「上手くいかないのは○○のせいだ」。

しかし実は、その運命になったのは自分のせいなのです。夫婦や家族、職場などの人間関係、病気など自分の身体の問題など、自分の運命・環境のすべては、「原因・結果の理法」の項で学んだ通り、自分がそのような種を蒔いているから、そのような結果が現象となって起きてきているのです。

それを「上司が悪い」「部下が悪い」「夫が悪い」「妻が悪い」と言うのは、責任を転嫁しているのです。他に責任をなすりつけて「自分は被害者だ」「相手が悪いのだ」と通っていれば、ますます「自分が被害者となる運命」を自分で作ることになります。

あらゆることを「自分の責任」として通ると、どのような問題も、自分の努力次第でいくらでもプラスに変えていくことができます。自分に主体性・自主性があるのですから、運命・環境や周りの人が変わるのを待たなくても、自分次第でいくらでも人生を幸せに喜びと感動で通れるようになるのです。

例えば人間関係について、

「『大親神大生命』、申し訳ございませんでした。この人と関係が悪いのは、自分がいつもブスッとして感じが悪いせいでした。積極的に笑顔で話しかけるように頑張ります！」

と、自分の責任として真剣に願って努力したとします。その事を『大親神大生命』がお受け取り下さると、『大親神大生命』がプラスに解決する現象を現して下さるのです。

逆に、他に責任を転嫁すればするほど、自分の主体性・自主性は失われます。運命が悪いから、環境が悪いから、夫が悪いから、妻が悪いから、会社が悪いから、才能が無いから、こんな場所に住んでいるから――他に責任をなすりつけていたら、絶対に上手くいきません。

例えば、「机が悪いから勉強ができないのだ」と、成績が悪いのを机のせいにしたとしたらどうでしょう。その問題の主体性・自主性は「机」の方にあり、自分の成績は机に隷属している形になります。するとその人は、机が良いものに変わるまで永遠に成績が良くならない、ということになってしまいます。

人間関係でも、「相手の方が間違っている」「相手が悪いのだ」と、その問題を相手のせいにすると、その問題の主体性・自主性が「相手」にあるので、相手が変わらない限りその人との関係は決して良くはなりません。

あるいは、自分が幸せになれないのは「名前が悪いからだ」「方位が悪いからだ」「家相が悪いからだ」などと、自分の運命・環境の責任を名前・方位・家相の責任にしていると、自分の主体性・自主性が失われてしまい、いつまでたっても幸せになれないのです。

『大親神大生命』は大自然のあらゆる事柄に責任を持って行なって下さっておられます。すべての責任を取って下さっています。なぜならすべての生命の「大親」であられるからです。したがって、すべての「生命の御子」にとって、絶対に必要不可欠な親御存在です。

責任を取る方は「親」の立場であり、責任転嫁をしたり、責任を取ってもらったりするのは「子」の立場です。より大きな責任が取れれば取れるほど、それだけの実力を自分が持っていることになります。つまり、責任を取ることができたら、自分の「生命霊」の段階がより高く、より「親」の立場に向かって成長発展していくのです。

さらに大きな「親」の立場に成長発展していくためには、思い切って地球の様々な問題も自分の責任として通ってみましょう。どこかの国で紛争が起きていたら、『大親神大生命』に次のように真剣に願わせて頂くのです。

「『大親神大生命』、あの国で紛争が起きてしまい申し訳ございません。地球が素晴らしい生命の家族として通れますように、至らない私ですが今日一日を、相手がプラスになるように努力して通らせて頂きます。どうか、この通り方を種としてお受け取り下さり、紛争が一日も早く収まりますように」。

このように、地球の問題をも積極的に自分の責任として願って通れたら、その真心を『大親神大生命』はお受け取り下さり、素晴らしいプラスの現象を地球にお与え下さるのです。そしてその事を願って通った「生命霊」は、地球の事も自分の責任で通れるほどの「生命霊」に成長したということになるのです。

自己縮小と自己拡大

心の大きさというのは、自分の観念や意識が「何」を対象として「自分」だとしているかで決まります。自分の事しか考えていなかったとしたら、対象が「自分」ですから、自分の心の大きさ＝自分（一人分）だけの大きさです。「自分の家族のためだったら、自分は犠牲になってもよい」という人は、家族の事までを自分の責任としているので「家族」までが自分の心の大きさになります。

あるいは「会社」や「社会」を「自分の事」だと思い責任を持って通れたら、「会社」や「社会」が自分の心の大きさなのです。しかし会社の事と言いながら、実際は自分の地位や自分の立場の事しか考えていなかったら、これはやはり心の大きさが「自分」の大きさしかないのです。国のために、全生物のために、地球のためにと真心で生命を懸けていけば、己の心の大きさは国や地球全体の大きさになっていくのです。

この事からわかるように、自己の心の大きさは、自己の心が働く対象の大きさによって決まるのです。「自分、自分」と自分を対象にしていくと、心が自分という内側に向かっていきますから、どんどん「自己縮小」していくのです。自己縮小の特徴は、「あの人がこうしてくれない」「あの人のせいで自分はこうなったのだ」と相手のせいにしている点です。

本当は運命・環境は自分の責任であるのにもかかわらず、「あの人がこうしたから、自分がこうなった」と他の責任にしていくと、「自分」がどんどん無くなっていくのです。自分の力がますます無くなって自己縮小していってしまうのです。

『大親神大生命』の大いなる生命の一部が自分の生命ですから、全体に向かってより大きく拡大・発展していくのが生命の本来の姿なのです。

では、どうすれば自己を拡大していくことができるのでしょうか。

それには、他の事も自分の責任として通るのです。「あの人の事も自分の責任です」と通れば、自分の心の大きさは、自分と相手（二人分）の大きさです。自分がそれだけ大きくなるのです。他の事も自分の責任なのですから、自己がその分拡大していくのです。他に対して「この人が幸せになるためには自分が責任を持って努力しよう」「この人がマイナスを言ってくるのは自分が人間関係を良くしなかったから、自分の責任なのだ」と自分が責任を持ってその人と通っていくと、自分がそれだけの大きさに拡大していくのです。

他の責任まで取れたら、これは「親」の立場だといえます。例えば、子供がボール遊びをしていて隣家の窓ガラスを割ったら、親がお詫びに行きます。「子どもが悪いのであって私には関係がない」という親はいません。責任を取る方が親の立場であり、自己が拡大するのです。

生命は他のために存在するのが本来の姿です。なぜなら、『大親神大生命』がすべての「生命の御子」のために存在して下さっているからです。ですから、他のために役に立って役割機能を果たしていくことは、もっとも「自己拡大」していく生き方なのです。

「自己拡大」していく生き方は『大親神大生命』の生命の法則に沿った生き方です。そして、他のために役に立ったり、他にプラスを与えることは生命にとって一番の「喜び」になるのです。したがって、他に向かって一生懸命に何か役に立つことを日々心がけていけば、どんどん自己拡大していき喜びにあふれた価値ある人生を送ることができるのです。

絶対真理念と相対信念

大自然の絶対的な事実である真理法則を基準にしている念を「絶対真理念」といいます。大自然の事実をもとにしている念ですから、人の話に影響を受けて揺らぐことはありません。その逆に人間の気持ちや都合を基準に持つ念を「相対信念」といいます。

『大親神大生命』の御心に沿う「絶対真理念」を持つことができたら、どんなに運命や環境が困難であっても、プラスの気持ちを貫いていくことができます。

逆に「相対信念」で生きていると、自分の気持ちや他の気持ち、運命や環境の変化に影響を受け、志を貫けません。様々な現象に一喜一憂し、ぐらぐらと揺れ動いて、目標の達成ができないのです。

『大親神大生命』は絶対なる御心と御親愛でもって「大自然界」のあらゆることを現して下さり大いなる営みを続けて下さっておられます。例えば、すべてが循環している「循環・還元の理法」は、『大親神大生命』の念で、永遠普遍に循環することが行われているのです。『大親神大生命』が絶対なる大親の念をお持ちになっておられるので、大自然界の大いなる営みが存在しているのです。

『大親神大生命』が行なっておられる、大自然の大いなる真理法則に沿って、「絶対的な真理念」を持って生きていくことは、「生命の御子　生命霊」である私たちのつとめです。

『大親神大生命』の御心に沿って、私たちが「絶対真理念」を持って行えば、どんな人生課題もプラスに働き、絶対に環境も運命も素晴らしくなることになっているのです。日々を喜びと感動で生きていくことができるのです。

人間は何かうまくいかないと感じると、他の人や目先の現象のせいにして不平不満を言います。何かのせいにすると、マイナスの気持ちに流され、自分がするべきプラスの努力を見失うのです。マイナスの感情に流されていけば、運命もマイナスに流されてしまいます。感情に流されるのではなく、自らが責任を持って積極的にその事柄や問題にプラスに取り組むことが大事なのです。そうすれば「絶対真理念」は強くなり、強くなった分、運命や環境はプラスに転換していきます。

『大親神大生命』は絶対なるプラスの念でこの「大自然界」を創造し、営んで下さっておられます。ですから、人生の課題も『大親神大生命』がお創り下さった「生命霊」が成長発展するためのプラスの問題なのです。『大親神大生命』はマイナスになるものは何一つお創りになっておられません。もうダメだと挫けそうな場面でも、『大親神大生命』に対し奉り「ありがとうございます。成長発展のためにこの問題を頑張ります」と笑顔で努力していくと「絶対真理念」がどんどん強くなって、いつのまにかどんな問題でもプラスで通れる自分になることができるのです。日々の生活の中で、ささいな事に揺らがない自分を創り上げるには、『大親神大生命』の真理法則を基準にした「絶対真理念」を強くしていくことが大事なのです。

真種・真材料の理　～地球の新しい生き方の種蒔き～

私たちの人生には様々な課題が与えられています。病気などの身体の問題、人間関係・夫婦や家族の問題、学校や職場での問題……。

しかしそれらはすべて『大親神大生命』が「生命霊」を高めるためにお与え下さった成長発展のための材料なのです。それを「真材料《しんざいりょう》」といいます。

『大親神大生命』はその人の「生命霊」を高めて下さるために、絶対必要不可欠な問題をお与え下さっておられます。その人が大きく成長するために必要な問題を一人ひとりに、すべての「生命霊」にお与え下さっているのです。人間だけではなく、動物や植物、すべてのものが、『大親神大生命』より「生命霊」の成長発展のための真材料をお与え頂いているのです。

『大親神大生命』は決してその人を苦しめようとして問題を出してはおられません。

その人に一番適した問題を、大いなる愛でもって、素晴らしくなるためにお与え下さっているのです。ですから、その問題を通し、大自然の真理法則に沿って主体的な努力をしていくことで「生命霊」は高まっていきます。その結果、困難と思えた現象もいつのまにか、プラスの現象になっているのです。

問題があると、私たちは今まで「ああ嫌になる」というマイナスの気持ちを持ちました。しかし、問題自体も一つの現象です。その問題をどんな気持ちで、どう受け止めて生きるか、が大事なのです。

人生の問題を『大親神大生命』がわざわざ自分のためにお与え下さった、「生命霊」の成長発展のためのありがたい問題だと受け止めることができたとします。そうすれば、その人はきっと、『大親神大生命』に対し奉り親感謝を持って、「ありがとうございます。ここを喜びで通らせて頂けば、生命霊を高めさせて頂けるのですね。頑張ります！」と喜びと感動で日々の道中を通っていくはずです。

『大親神大生命』は努力して頑張っているその気持ちをお受け取り下さいます。その結果、その人はプラスの現象を頂くことができるのです。

そして、そのプラスの種は自分だけのプラスではないのです。

『大親神大生命』は、「生命の御子」である私たちが理にかなった生き方をすれば、それを「行いの種」としてお受け取り下さいます。今まで、同じ問題を不平不満で通っていた人が、感謝の気持ちで通れるようになったらどうでしょう。行いの種がプラスの種に変わったのですから、『大親神大生命』は、そのプラスの種蒔きをお受け取り下さり、地球上にプラスの現象を与えて下さいます。それが「真種の種」とならせて頂いた証拠なのです。

ですから、大事なことは、与えられた課題を自分の事として取り組むのではなく、地球上の同じような問題をもった「生命の御子」の代表として、自分がまず大自然の真理法則に沿った生き方をしてみるのです。

『大親神大生命』に対し奉り、「私が地球上の同じ問題を抱えた人の代表として、この問題を真材料としてプラスで通らせて頂きます。どうか、同じ問題をもった人たちがプラスで通らせて頂き、生命霊の成長発展がありますように」と他の事を願って通るのです。

他の事を願ってプラスの種蒔きをするのですから、絶対にプラスの現象を頂くことができます。地球のすべての同じ問題の人の事を願うのですから、それだけ大きなプラスの現象を頂くことが絶対にできるのです。

人生課題は、『大親神大生命』からお与え頂いた生命霊が成長発展するために必要な真材料なのです。大いなるプラスの事なのです。


これまでの宗教・宗派のように、問題が起こると神様のところへ行き、自分の罪穢れを払ってほしいとか、自分だけがなんとか助かりたいという「現世御利益《げんせごりやく》」の生き方では生命霊は低下してしまいます。

問題は生命霊の成長発展のための真材料ですから、「現世御利益」でその場をなんとかしのいでも、その問題をクリアできていないのですから、また同じような問題が起きてきます。なぜなら、その生命霊はその問題を通らないと高まっていくことができないからです。

学校の先生は、生徒がその問題が解けるようになるまで、生徒に同じような問題を出し続けます。『大親神大生命』は「生命の御子」の「生命霊」が素晴らしくなることだけを願っていて下さるのですから、成長発展のための問題が解けるようになるまで、大きな愛をもって問題を出し続けて下さるのです。

したがって、目先の現象だけを求める生き方に生命霊の高まりはなく、本質的な救いもないのです。

大自然の事実を学び、『大親神大生命』が大きな愛をもって、私たちの生命霊の成長発展のための「運命や環境」をお与え下さっていることを実感することができたら、どんな問題でも真材料として親感謝で受け取ることができるはずです。『大親神大生命』に対し奉り親感謝させて頂くと、どのような問題も喜びと感動にあふれて通ることができるようになるのです。そして、その真材料をあなた次第で、地球の運命をプラスに変えていくほどの素晴らしい種にすらできるのです。『大親神大生命』はその問題を通して、無限なる結果を出せるチャンスをすべての御子にお与え下さっているのです。今あなたの目の前にある問題が、自分をさらに大きく発展させてくれる真材料として、キラキラと輝いて見えてきたのではないでしょうか。

『大親神大生命』があなたのためにお与え下さった問題です。どんな問題でも「真材料」として親感謝して通れば、あなたはますます素晴らしい「生命霊」へと発展していくのです。

第六章

おつなぎ徳積みの理

〜『大親神大生命』からお与え頂く永遠普遍の財産〜

この章では「徳」という目に見えない「生命の財産」についてお伝えさせて頂きます。

人間社会でも「徳を積む」「徳を高める」と言いますが「徳」とは何でしょうか。「徳」とは『大親神大生命』がそれぞれの「生命」につけて下さった、無形の「生命財産」です。その人の持っている「徳」によって、考え方や感じ方、生き方が全く違ってきます。「徳」によってプラスに生きるか、マイナスに生きるかが大きく左右されるのです。「徳」によって運命や環境、そして人との縁も決まります。「徳」があると、より良く生きていくことができるのです。

現代の地球人は科学知識の発達によって物質的には豊かになりましたが、「徳」がないためにより良く生きることができていません。「徳」がないために、これだけ素晴らしい「地球」という惑星に住まわせて頂いていても、環境破壊、戦争、民族紛争、いじめや虐待などマイナスの生き方しかできていないのです。

私たちが「徳」という、生命財産を高めることができたら、『大親神大生命』の大自然の摂理に沿った生き方ができ、お互いに助け合うための生命活動を行い、より良く生きていくことができるのです。したがって今、地球に必要なのは、この「徳」を高めていく生き方なのです。

大自然の真理法則を知識で知るだけでは生き方は変わりません。「徳」という「生命財産」を高めてこそ、真理法則が自分の実感として収穫され、その生き方ができるようになります。

「徳」のある人がたくさん住む地球になれば、地球は「徳」のある惑星へと変わっていき、地球の生き方は、大いなるプラスに向かってさらに前進していくことになるのです。

「徳」とは『大親神大生命』が認めて下さった生命財産です

「徳」は『大親神大生命』が、それぞれの生命につけて下さった無形の財産です。生命は目に見えませんので、自己の生命についている「徳」という「生命財産」も目には見えないのです。

しかし、「徳」があるのとないのとでは大変な違いがあります。生命力が強くなることも、「生命霊」が成長発展することも、運命の開発も人生の充実も、社会的、肉体的な向上発展もすべて「徳」という無形財産によってなされているのです。

人間のお金は人間が認めている社会的な財産です。ですから、人間が認めている範囲でしか通用しません。江戸時代のお金を現代の日本では通貨として認めていないから使えない、と言えばわかりやすいでしょう。人間によって創られたお金は、時代や国が変わり、使う人間がその価値を認めなくなればお金として通用しなくなるのです。「徳」に比べると、人間社会のお金や物質的な財産の通用範囲は非常に狭いのです。

「徳」は『大親神大生命』が認めて下さった生命の財産ですので、『大親神大生命』の世界でいつ・どこでも、何にでも通用します。今世だけではなく、来世にも通用しますし、肉体を持っていない時＝生命霊（魂）としての生命活動をしている時にも通用します。

「徳」とは永遠普遍なる生命財産です

「徳」は『大親神大生命』がその人の生命の本質につけて下さった永遠・普遍の「生命財産」です。したがって、「親生命界（生命の世界）」「親命霊界（気持ち・心・魂の世界）」「親物質現象界（この世、物質・肉体、現象の世界）」のすべてに通用する財産です。

永遠普遍とは、〃いつ、どこにでも何にでも通用する〃ということです。『大親神大生命』の生命の一部を頂いている私たちの生命は永遠です。その生命につけて頂いている財産ですから、「徳」は永遠に通用するのです。したがって「徳」は今世だけではなく、来世も再来世にも通用します。お金を握って生まれてくる赤ちゃんはいませんが、「徳」は、生まれ変わっても永遠に生命の財産として持っていくことができるのです。

さらに「徳」は、どこの国に生まれ変わっても、どこの星に生まれても、普遍的に通用します。アンドロメダ星雲に生まれ変わったとしても、そこでより良く・より素晴らしく生きていくことができるのです。

「徳」を積ませて頂くと、自分では想像もできない、プラスの喜びの運命・環境が永遠普遍に続いていくのです。

「徳」は「生命の御子」が生きるうえで絶対必要不可欠な財産です

人間は「お金」というものに価値を見いだしています。なぜなら、お金は食べ物にも着物にも家にも、何にでも換えることができるからです。お金があれば様々なことができます。逆にお金がなければ、何もすることができません。「お金」は、人間がこの地球上の人間社会で生活していくうえで必要なものです。

しかし、「お金があるから自分は絶対に事故に遭わない」とは言えません。あるいは、自分や相手がお金持ちだからといって、結婚したら必ず幸せになれるとは限りません。人は「お金があれば何でもできる」と思いがちですが、お金では通用しないものがあるのです。

『大親神大生命』の世界である「大親真体系　大自然界」で「生命の御子」が生きて行くうえで、絶対に必要不可欠なのが「徳」です。運命・環境を良くするためにも、あらゆる人間関係を良くするためにも、人や物との縁を良くするためにも、才能や能力の開発発展のためにも、よりプラスの観念や感情を保って生きるためにも、絶対必要不可欠な「生命財産」が「徳」なのです。

「徳」は生命につけて頂いた財産ですから、その「生命の御子」の生命活動のすべてに役に立ちます。『大親神大生命』が認めて下さった、すべてに通用する「徳」という生命財産があれば、どんな運命や環境であっても、素晴らしく生きていくことができるのです。

より良い運命・環境はお金では買うことができません。したがって、お金があっても「徳」のない人は、マイナスの生き方や不幸な生き方をしてしまうのです。お金持ちだから幸せになるとは限りません。逆に、お金があるがゆえに家族が年中争っていて、安心して生活ができない人は、むしろ不幸な人生だといえるのではないでしょうか。

しかし、その人に「徳」があったならば、どんな運命・環境でもプラスの気持ちで通っていくことができます。たとえお金がなくても、日々の実生活の中に喜びや感動を見いだし、「こうやって毎日を通らせて頂けて幸せだな」「このように人生を通らせて頂いてありがとうございます」と、満たされた気持ちで生きていけるのです。「徳」というのは、「人生をいかに幸せに通るか」を決める本質的な要因なのです。


人間社会でお金が減っていくと、人間社会で色々なものが買えなくなります。お金が少なくなると、その分だけ生活が苦しくなります。では「徳」が減ったらどうなるのでしょうか。

その人自身の「徳」が減ると、その人の生き方がプラスではなく、マイナスになっていきます。運命・環境が悪くなります。物事が上手く行かなくなったり、タイミングが悪くなったりします。お金や物があったとしても、辛い・苦しい気持ちになり、「生きる」という基本的な部分に影響が出てくるのです。「毎日が虚しい」「やりたいことをやっているのに、なぜか楽しい気持ちになれない」「自分の人生がつまらなく、価値がないように感じる」――これは「徳」が無くなってきているサインなのです。

「徳」が増えると、自分の存在価値もますます高まります。そして何よりも「生命霊」が成長発展することができます。日々の徳積みをさせて頂くと、充実感、喜び、感動で人生を通っていくことができるのです。

生命活動のすべてに通用するのが「徳」という「生命財産」であることを、しっかりと理解し「徳」を高める生き方を実行していくと、人生が大いなるプラスへと発展していきます。今の私たちに必要なのは、「徳」を積ませて頂くことなのです。

日々の「おつなぎ徳積み」

お金は銀行に積んで貯金をすることができますが、「徳」は目に見えない「生命財産」、無形の「運命財産」です。では、どうすれば徳を高めることができるのでしょうか？

『大親神大生命』は地球を、お互いが支え合って喜びあふれる素晴らしい惑星にして下さろうとしておられます。したがって、『大親神大生命』の御心に沿って、他のお役に立つような行いをさせて頂くことで、「徳」は増えていきます。

『大親神大生命』にお受け取り頂けるよう、世のため・人のために行わせて頂くプラスの行いを「おつなぎ徳積み」といいます。〝おつなぎ〟とは「繋ぎの理」です。「おつなぎ徳積み」を行わせて頂くと、『大親神大生命』とさらに深く繋がらせて頂くことができます。

『大親神大生命』はすべてのものを「より良く生かそう」として下さっているのですから、「おつなぎ徳積み」で一番大切なことは、「他の生命にプラスを与えること」です。他の生命の役に立つということが、「おつなぎ徳積み」の基本です。

動物や植物は、自分を食べてもらい、他の生命の役に立つことで「徳積み」をしています。自分の生命を他のために捧げることで「徳積み」をしているのです。これが

『大親神大生命』がお創り下さった、「生命が生命を支え合う」という「食物連鎖の理」です。

人間は食物連鎖の頂点に立っており、あらゆるものを食べています。人間を食べるものはいません。では、人間はどうやって「徳積み」をさせて頂けば良いのでしょうか。

『大親神大生命』の御心に沿って、生命力、気持ち、才能、肉体、物、お金など、自分が持っているすべてのものを使い、他の生命の役に立つこと――これが私たち人間の「徳積み」です。『大親神大生命』は、この地上のすべてのものを「生命の御子」が徳積みをするための真材料としてお与え下さっておられますから、生命力も、気持ちも、才能も、物も、肉体も、お金も、自らの自由意志で使用できるものは、すべて「徳積み」をさせて頂くための材料になるのです。

人間以外の生物は、自分の生命・自分の体という、自分にとって一番大切なものを他の生命に捧げる（食べてもらう）ことで、他の役に立っています。自分が大切にしているものだからこそ、その大切なものを『大親神大生命』に真心としてお受け取り頂くことができるのです。そして、『大親神大生命』に真心としてお受け取り頂けると、「徳積み」となります。

例えば、仕事で忙しい人にとって「時間」は大切なものです。その人にとって大切で貴重な時間をやりくりして、朝晩に『大親神大生命』に対し奉り、自分の生命力と心を尽くして、地球の全生物を代表して親感謝の祈りを捧げることも、日々の「おつなぎ徳積み」です。あるいは休日に『大親神大生命』に対し奉り「わずかな行いではございますが、どうか地球から不法投棄が無くなりますように」と、海岸のゴミ拾いを行わせて頂くことも「おつなぎ徳積み」です。

『大親神大生命』は「大親真体系　大自然界」のすべての事をして下さり、すべての「生命の御子」をより良く生かそうとして下さっておられます。『大親神大生命』にお受け取り頂けるプラスの行いができたなら、すべての生命のお役に立たせて頂けたことになります。『大親神大生命』のお役に少しでも立たせて頂く行いができたら、それは最大の「おつなぎ徳積み」なのです。

「徳」ということが悟れたら、どんどん「おつなぎ徳積み」を実行させて頂きましょう。「地球が素晴らしい惑星になりますように」と念じて「おつなぎ徳積み」をさせて頂く人が増えれば増えるほど、『大親神大生命』は地球をプラスの星へと切り換えて下さいます。

あなたの真心の「おつなぎ徳積み」は、自分の運命・環境をプラスに変えるだけでなく、地球が素晴らしい惑星へと生まれ変わるためのプラスの種とならせて頂くことができるのです。

「おつなぎ徳積み」は能動的意志で実行させて頂きます

「おつなぎ徳積み」とは、『大親神大生命』に対し奉り、生命の喜びと感謝の気持ちを持って、世のため・人のために自らの〝能動的意志〟で行うプラスの行いです。

実際に「おつなぎ徳積み」をさせて頂きたい方は「大自然界」のホームページをご覧になって下さい。「おつなぎ徳積み」を実際に行なってみると、本当に生き方が変わってきます。なぜなら、他のために「プラスの行いの種」を現実に蒔かせて頂いたので、その分のプラスの素晴らしい現象を『大親神大生命』がお与え下さるからです。

「感謝している」と〝思って〟いても、「感謝の気持ち」を言葉や物などで表現しなければ、相手には伝わりません。つまり、感謝したことにはなりません。ここは「親物質現象界」＝形ある現象の世界なので、気持ちを目に見える形で表現することが大事なのです。

「徳」を積むことも同じです。自分にとって一番大切にしているものを使ってプラスを行い、真心を表現することが大事なのです。実際に、他のための行いや「徳積み」となる行動をして初めて、運命・環境、生き方が素晴らしく発展していくのです。

例えば、人間にとってお金は大事なものですので、『大親神大生命』に対し奉り「わずかではございますが、地球が素晴らしい助け合いの星になりますように」「他の生命が素晴らしくなりますように」「わずかですが、世のため・人のために、プラスになりますように」という気持ちで行わせて頂くと、お金も「徳積み」の材料として『大親神大生命』にお受け取り頂くことができるのです。

『大親神大生命』は、この真心をプラスの種としてお受け取り下さいます。そうすると、やがてプラスの現象として生えてくるのです。「徳積み」というのは、自分の「運命貯金」なのです。〝他のため〟に思い切って真心で徳積みをさせて頂くと、それは自分の「運命貯金」をさせて頂いたことになるのです。「徳」という生命財産を選ぶか、それとも今世だけにしか通用しない「お金」を選ぶかは、各人の心しだいです。

『大親神大生命』にお受け取り頂けるよう、親感謝をこめて、自分ができる最大の真心の「おつなぎ徳積み」をさせて頂くと、同じ環境でも感じ方が違ってきます。今までにない心の奥底から湧いてくる喜びや感動に出会うことができるのです。それは、実際にプラスの「おつなぎ徳積み」を行なった人にお与え頂ける、『大親神大生命』からの素晴らしい「生命霊」の宝物なのです。そして、その大いなる喜びや感動の生き方は、地球が素晴らしい惑星へと発展していく「新しい地球の生き方の種」となっていくのです。

『大親神大生命』にお受け取り頂いてこそ「徳積み」になります

「おつなぎ徳積み」で何よりも一番大事なことは、「大親真体系　大自然界」のすべての営みを行なって下さっている『大親神大生命』にお受け取り頂くことです。

地球人は自分たちで様々な神様を想像し作り出して拝んでいます。しかし、実際に自分にすべてをして下さっているのは『大親神大生命』です。したがって、『大親神大生命』に対し奉り行わせて頂く、ということが「徳積み」の重要なポイントです。『大親神大生命』の親御存在を常に感じさせて頂き、『大親神大生命』に対し奉り「どうか少しでもお受け取り頂けますように」と、プラスの行いを能動的・積極的に行わせて頂くことが非常に大切なのです。

他のためにプラスを行わずに、ただ神仏に願ったとしても、絶対にプラスは還ってきません。実際に他のためにプラスを行い、『大親神大生命』がお受け取り下さってこそ、「徳」という運命財産を生命につけて頂くことができるのです。

「徳積み」になる行いとは、他のプラスとなる真心の行いです

『大親神大生命』の御心に沿って、『大親神大生命』にお受け取り頂ける生き方をしてこそ、「おつなぎ徳積みの理」となります。『大親神大生命』にお受け取り頂けるような生き方とは、他の役に立つ＝他にプラスをさせて頂く生き方です。

『大親神大生命』は「生命の御子」の生命霊が成長発展していけるように、この「親物質現象界」のすべてのものをお創り下さいました。そして『大親神大生命』は、すべての「生命の御子」のために、この世のあらゆることをして下さっておられます。したがって、その一部である私たち「生命の御子」も、『大親神大生命』の御心に沿って、すべての生命のために・他の生命の役に立つために生きるのが本来の姿なのです。

『大親神大生命』の御心に沿って、〝他のため〟に真心でプラスを行えば、その行いを『大親神大生命』がお受け取り下さいます。そして、『大親神大生命』はその真心の行いに対して、「徳」という生命財産をあなたの「生命」にお与え下さるのです。

他のために行なった分のプラスが、自分の「徳」となって還ってくるのです。『大親神大生命』は「他のために行う」という「真心」を一番大切にして下さいます。もしも、自分をかっこよく見せるため・自分が地位や利益を得るための行いであったら、それは「真心」ではなくなります。残念なことに〝徳を積む行い〟とは言えなくなります。あるいは『大親神大生命』に対し奉り喜びと親感謝ではなく「自分はこんなにやっているのに」という自己評価の気持ちがある場合も、それは「真心」の行いではなくなってしまいます。

純粋に素直な気持ちで「他のため」の行いをして「徳」を高めることによって、あなたの運命・環境は素晴しいものに変わっていくのです。

さらに「他のため」の範囲を大きくして、「地球が素晴らしい惑星になるために」と、地球のことを願ってプラスを行なったとします。自分が使えるすべての事（生命力・気持ち・才能・肉体・お金など）を、「地球のため」に役に立つように使うことができたら、『大親神大生命』はそれに見合った「徳」をお与え下さいます。自分にお与え頂いた人生課題ですら、「地球上で自分と同じ人生課題を持つ方たちが、どうかプラスの気持ちで通れますように、自分が代表としてこの運命を通らせて頂きます」と通り切ることができたら、『大親神大生命』は、その真心や行いをお受け取り下さいます。大きく徳を積ませて頂く生き方をしたわけですから、その人の存在価値は高まり、人生の充実感もますます高まっていくのです。

「徳人」と「不徳人」

「徳」という「生命財産」がある人とない人では、生きているうえで大きな違いが出てきます。

人間はいつ、どこで、どのような病気になるか、どんな事故に遭うか予測ができません。また、どんな素晴らしい出来事があるかという予測もできません。私たちは、何かプラス・マイナスの出来事が起きると「運が良かった」とか「運が悪かった」と言いますが、実はこの運・不運は、徳・不徳によるものなのです。

「徳」のある人＝「徳人」は、たとえマイナスの出来事に遭ったとしても、そのことがかえってプラスの結果を生むことになります。渋滞にはまり飛行機に乗り遅れてしまったけれど、その飛行機が事故を起こして、乗り遅れたから逆に命が助かったということがあります。徳人は、災いが転じて福となるのです。

逆に、災いが更なる災いの種となり、ますます不幸になっていくのが「徳」のない人＝「不徳人」です。「徳」という「生命財産」が無くなってしまうと、どんなにお金や物をたくさん蓄えていたとしても、運命・環境が悪くなり、不慮のマイナスの出来事が次から次に起こって、蓄えたお金や物を失う結果になります。億万長者であっても「徳」がなければ、不幸で孤独なまま生涯を終えることになってしまったりするのです。

「徳人」は目に見えない「生命財産」＝「徳」の貴さや価値を理解することができます。したがって「徳人」は『大親神大生命』がお受け取り下さる「他の生命のお役に立つ行い」をしていきます。他にプラスを行うので、『大親神大生命』より「徳」という生命の財産をつけて頂けるのです。「徳人」であれば、いかなる人生を通ろうとも、その人生を味わいある喜びと感謝の生涯とすることができます。そして、大自然の生命の法則に沿って人生を充実させ、自分の生命霊を成長発展させていく生き方ができるのです。

「不徳人」は、人間社会にしか通用しないお金・物・地位などに執着して、我欲を満たす生き方に夢中になってしまいます。〝他にプラスを与える生き方〟をしないため、「徳」がどんどん無くなっていきます。その結果、どんなに物質的に恵まれたように見えても、不平不満の苦しみの人生、不幸で辛い運命を通ることになるのです。

あなたの日々の行い次第で、「徳人」にも「不徳人」にもなれるのです。誰のせいでもなく、あなたの行いで、いくらでも「徳」を増やすことができ、人生や運命をますます輝かせていくことができるのです。

徳人の住む惑星へ　～地球の大いなる発展のために～

『大親神大生命』はこの世界を「原因・結果の理法」により、「蒔いた種通りに生えてくる世界」にして下さっておられます。したがって『大親神大生命』の御心に沿って、地球がプラスの星になるように、全生物・全人類がプラスで生きられるように、日々プラスの種を蒔いていけば、必ずプラスの結果が地球に生えてきます。

地球上の宗教・宗派がどんなに世界平和を唱えても、対立や自己正当化の意識を持っている限り、世界平和は訪れません。地球人の一人ひとりが「地球が素晴らしくなるために」と、他をプラスにする行いを、真心をこめて実行できたら、その理で行なったのですから、絶対に争いのない助け合う世界へと切り換わることができるのです。

お金も本来はお互いに助け合うためのものであるはずです。しかし現代の地球人は「徳」がないために、相手を殺すための戦争兵器に莫大なお金を使っています。そして殺し合うための軍隊を各国で持っています。

地球の「徳」を高めることができたら、『大親神大生命』に地球人全体の気持ちを変えて頂くことができるのです。戦争など生命を粗末にすることに、お金を使おうとする気持ちが無くなっていくのです。地球が「徳のある星」になった時には、軍隊は、困った国を助けに行く「レスキュー隊」として活動することになるでしょう。『大親神大生命』にお受け取り頂ける「他をプラスにする生き方」を私たち地球人が実際に行い、「徳」が高まれば、地球の戦争・紛争・内戦、難民の問題、食糧の問題、経済の問題、環境の問題も、すべてなくなっていくのです。「徳人」がたくさん住む地球になれば、地球は「徳のある惑星」へと生まれ変わり、地球の生き方は、大いなるプラスに向かってさらに前進していくことになるのです。

食物連鎖の理　～他の役に立って「徳」を高めていく～

『大親神大生命』は「生命の御子　生命霊」のすべてに役割をお与え下さっています。役割を果たすことにより、生命の財産（徳）を高め、生命霊が成長発展できるようにして下さっています。

自分に与えられた役割を少しでも果たし、他の役に立ち、プラスを行えば「徳」が高まっていくのです。その典型が「食物連鎖の理」です。すべての生物は「食物連鎖の理」により、他を生かすために自分の体を提供しています。

植物は土から栄養を摂って植物の体を作っていきます。その植物を、草食動物が食べます。そして今度は草食動物が肉食動物に体を提供します。このように人間以外の生物は、それぞれ食べるものが決まっていて、より高い段階の生物の役に立っています。そうして生命が生命を支え合い、それぞれの役割を果たすことが「徳積み」になっているのです。

『大親神大生命』がお創り下さった「食物連鎖」という仕組は、地球上の生命現象を繋げていくだけではなく、同時に、それぞれの生物が、体を他の生命のために提供することで「徳積み」できるようにして下さっているのです。

人間はこの「食物連鎖」の仕組を「弱肉強食」と、ネガティブな捉え方をしています。なぜなら、食べられるということは、食べられた側に必ず「肉体的な死」が伴うからです。弱者の「犠牲」の上に強者は立っている、という考え方です。

たしかに「食物連鎖」は「死」を前提にして成り立っています。しかし生命は永遠ですから、「肉体的な死」というのは決して「犠牲」や「悲劇」ではないのです。

全生物の本質は「生命霊（魂）」であり、肉体は生命霊の着物なのです。肉体という着物を新しいものに着替えるためには、古い着物を脱がないと、新しい着物を着ることはできません。古い着物を脱ぐ＝「肉体的な死」があるからこそ、新しい着物＝「新しい肉体」を『大親神大生命』から頂く事ができるのです。

例えば小魚が人間に食べられたとします。人間に食べられると、小魚の体は人間の一部になります。すると、小魚は己の体を捧げて他の生物の役に立ったことになり、小魚の「徳積み」になります。小魚は、役に立って「徳」を積ませて頂いたので、次に生まれさせて頂く時には、より大きな魚や、より発達した別の生物の体を『大親神大生命』よりお与え頂いて、その生物としての生き方を体験・経験して、より発達した意識や気持ちを「生命霊」に収穫していくことができるのです。

『大親神大生命』は大いなる御親愛により、この世界を〝他の生命の役に立って「生命霊」が成長発展していく世界〟にして下さっているのです。なんという素晴らしい世界、素晴らしい仕組でしょう。

『大親神大生命』がお創り下さった、生命が生命を支え合う素晴らしい世界ということを実感することができたら、フードロスのように、他の生命（食物）を無駄にして捨てる、などということはできなくなるはずです。他の生物が捧げてくれた生命を無駄にすることは、自分の「徳」を減らす「徳削り」の行いだからです。

人類はこの食物連鎖の頂点に立たせて頂いて、何でも食べています。しかし、食べるだけで、他の生命の役に立つ生き方をしていません。むしろ、地球環境を破壊し、様々な生物を絶滅させて生態系のバランスを壊し続けています。『大親神大生命』の「生命が生命を支え合う世界」に反した生き方をしている生物は、地球上で人間だけです。他の生命の役に立っていない人間は、「徳」を失っていく「徳削り」の生き方をしているのです。

では、食物連鎖の頂点にいる人類は何をすべきでしょうか？

『大親神大生命』は他の生命を素晴らしくすることをして下さっておられます。そのお役に少しでも立たせて頂けたら、人類としての役割を果たさせて頂いたことになります。つまり、『大親神大生命』の大自然の摂理に沿った生き方を、人類が親感謝を持って行わせて頂くことが、食物連鎖の頂点に立つ人類の「役割」なのです。

『大親神大生命』に対し奉り、地球の全生物を代表して「今日一日、地球上の全生物が、大自然の大いなる生命のお力・お働きを頂いて素晴らしく通らせて頂きありがとうございます」という親感謝の気持ちで一日を通ることができたなら、それは地球の新たなる素晴らしい生き方の種となり、万物の霊長としての役割を大いに果たした事になるでしょう。

『大親神大生命』のお役に立たせて頂ける生き方をすることができたら、それは『大親神大生命』に食べて頂いた理になるのです。

気持ちと気持ちが繋がる「生命霊食物　親感謝の理」
～よく噛んで食べることの素晴らしさ～

食物の味というのは、そのものが「親物質現象界」で活かされ生きた一生の「気持ちの味わい」です。例えば人参の味というのは、人参がその一生を通って味わった、人参の「気持ち」が「人参の味」となっているのです。人参が一生を通って収穫した「生命霊観念」の味わいが人参の味なのです。他の生命の体だけではなく、気持ちも一緒に「食物」として頂きますので、食物のことを「生命霊食物」といいます。『大親神大生命』は私たちに味覚をお与え下さっておられます。この味覚によって私たちが他の生命の「生命霊観念」を味わえるようにして下さっているのです。「よく噛んで食べる」ということは、人参が人参として、イワシがイワシとして生きた感覚を、よく味わわせて頂くことなのです。早く噛んで飲み込んでしまっては、胃袋ではそのような味わいはわかりません。

例えば、イワシをよく噛んで、じっくりと味わったとします。その事によってイワシがイワシとして海の中で色々な体験・経験をして味わった気持ち、イワシの一生を感じることができるのです。食べる側が「イワシとして生きたのですね」と「気持ち」を込めて味わわせて頂くと、食べられる側も「自分の気持ちを味わってもらった」という、気持ちの一体感を持ちます。一回噛んで味わうごとに気持ちと気持ちが繋がり、生命霊観念の一体感を持つことができるのです。

例えばカウンセラーは、まず悩んでいるクライアントの話を聞いて「そういうところが辛いのですね」と、共感的理解をします。良く噛んで味わうということは、相手の生きた感覚をよく聞いて、共感的理解をすることと同じなのです。

食べる者と食べられたものが気持ちの一体感を持つということは、今度は食べられた側も、食べた側の気持ちと一体となって生きていくことになるのです。食べる側は、責任重大です。食べる側が『大親神大生命』に対し奉り親感謝して、「貴い生命」を「生命霊食物」として喜びで頂くと、食べられた側も、親感謝の喜びの気持ちになることができます。しかし食べる側が、ただ「食べたい」という自分の欲求を満たすためだけに食物を頂けば、食べられた側は自己満足・自己中心というマイナスの気持ちと一体となってしまうのです。食べられた側は生命を捧げて「他の生命の役に立つ」仕事を果たしています。それなのに食べた側が自己満足のために「生命霊食物」をただ食べていたのは、大変な「徳削り」となってしまうのです。

「食べる」という行為を人類は当たり前のように行なってきましたが、食べ方一つで、他の生命にプラスを与えることも、マイナスを与えることもできるのです。マイナスの食べ方をしていると私たち人類は「徳」が減っていき、生きる不安やマイナスの生き方になっていきます。しかしそのことに気づいていないので、残念なことに、自分の気持ちを満たすための食べ方をしてしまっているのです。

「よく噛んで、味わわせて頂く」ということは、生命に対する最大の礼儀なのです。そしてすべてを食している私たちに与えられた崇高なる役割ともいえます。

「生命霊食物　親感謝の理」で『大親神大生命』に対し奉り親感謝させて頂き、他の生命に「ありがとうございます」と感謝して、よく噛んで味わって「生命霊食物」を頂くと、食べられた側の「生命霊観念」は段々と高まっていくことができます。食べる側が『大親神大生命』に対し奉り親感謝させて頂き、喜びと感動の高い意識で「生命霊食物」を頂くことができたら、食べられた側の生命霊も一体となって、高い意識の味わいをさせて頂くことができるからです。「食べる」という行為は、相手の「生命霊観念」を高めさせて頂くという、大変な価値のある生命の御仕事だったのです。

すべての「生命の御子」が、それぞれの役割を果たし助け合って、一体全体となっていく――『大親神大生命』は大親心により、これほど素晴らしい「食物連鎖の理」をお授け下さっているのです。

『大親神大生命』から全生物が同じ「生命」をお与え頂いているのですから、もともと生命は「一体全体」なのです。「食物連鎖の理」を通して、「全生物は『大親神大生命』の生命を頂いている〝生命の家族〟である」ということを実感できたなら、一人ひとりが全体の役に立つ生き方へと変わっていくのではないでしょうか。地球が「一体全体」という本来の姿で生きられるように、『大親神大生命』の大自然の摂理にかなった本来の生き方を、今、あなたから始めてみませんか。

あとがき

大自然の大いなる生命のお力・お働きである『大親神大生命』の親御存在をわからせて頂いた今と、以前の自分を比べてみると、気持ちや感じ方が違ってきているのではないでしょうか。

今まで、私たち地球人類は大自然の大いなる「生命の大親」に生命を頂いて活かされ生きているという観念が全くありませんでした。

『大親神大生命』が絶対的な「生命の愛」を注いで下さり生かして下さっているという、その「生命の愛」を感じて生きている者は地球上に誰もいなかったのです。その結果、人類は戦争などの殺し合いに生命を懸け、生命の尊厳性を無視し、地球がいつ滅びてもおかしくない生き方を今日まで続けてきたのです。

『大親神大生命』は今、地球滅亡の危機だからこそ、地球を救済して下さるために、

『大親神大生命』が行なって下さっている「大自然」の真実をお授けして下さってお
られます。
『大親神大生命』のお授けのほんの一部分を、私たちがわからせて頂いた範囲でこの
本に記させていただきました。
大自然の「生命の大親」である『大親神大生命』が常にいて下さるという実感を持
つと、不思議と親に抱かれている「安心感」があり、喜びや感動を持って日々を通る
ことができるようになってきます。
大自然の大いなる自然の摂理に沿った「意識」に変わることで、今までと全く同じ
環境や人間関係であってもまるで生まれ変わったかのように、感謝や喜び・感動で楽
しく生きていけるようになっているのです。
『大親神大生命』のお授けを頂かれている方からは、次のような声をよく聞きます。

＊　＊　＊

・『大親神大生命』によって、生命が与えられて活かされ生きているのがわかると、不平不満など言えなくなりました。そして『大親神大生命』に親感謝で通ると、すべてがプラスに見えて、喜びの毎日になりました。

・大いなる生命の愛に包まれている感覚が生まれ、安心感があり、心が穏やかになりました。

・プラスの種を蒔けば、『大親神大生命』がお受け取り下さり、一粒万倍にしてプラスの現象をお与え下さると思うと、どんな嫌な事があっても自分はプラスの種を蒔いて生きていこうと思いました。

・どんな運命・環境でも「徳」を積む生き方に切り換えられたら、プラスの運命・環境に大きく変わっていくと教えて頂き、実際に行なってみると本当にそうだとわかりました。

・『大親神大生命』から頂いている「生命の力」は何でもできるのだ、とわからせて頂くと、わくわくして一生懸命未来に向かって進んでいこうと思いました。

＊　＊　＊

『大親神大生命』によって設定され営まれている世界ですから、大自然の真理法則に沿って生きれば、すべてが素晴らしくなり、喜びで生きていけるのです。そのことを皆さんが実感されています。

『大親神大生命』の真理法則は、「いつでも、どこでも、何にでも、誰にでも、時空間を超えて働いている絶対的な掟」です。したがって、人間が麦の種を蒔いても、動物がたまたま足についた種を蒔いたとしても、麦を蒔くという行為をすれば、必ず「麦」が生えてくるのです。「原因・結果の理法」が働いているからです。

『大親神大生命』の真理法則は、「この宗教には働くが、この宗教には働かない」とか、「この民族には働かない」ということはあり得ないのです。『大親神大生命』の真理法則に沿ってプラスを行なったものにはプラスの理が働き、マイナスの行いをしたものにはマイナスの結果が巡ってくるというだけです。

『大親神大生命』のお授けを頂いて、「本当にそうだ」と実感したら、実際にそのように生きてみてください。理に沿って行えば、その理が働く世界に『大親神大生命』がして下さっておられますから、現実に実行すれば〝必ずプラスになる〟のです。

『大親神大生命』がこの瞬間にも、どれだけの事をして下さり、この世を運営して下さっているかを考えると、目の前のすべての存在・現象が奇跡のように思えてきます。

これほど大いなる営みの中に生かされていると思うと「自分ももっと全体の中で役に立って、価値ある生き方をしたい」という思いが湧いてきます。

そして一番大事なことは、『大親神大生命』に対し奉り「親感謝」させて頂くことです。

『大親神大生命』は大いなる御心をお持ちです。私たちが「親感謝」の気持ちで喜びと感動で日々を通っていけたら、お喜び下さり、もっともっと素晴らしいものをお与え下さるのです。さらに素晴らしい気持ち、より素晴らしい運命・環境、すべてを『大親神大生命』がお与え下さるのです。

『大親神大生命』という「大自然の大いなる生命」に多くの人が目覚めさせて頂き、「地球上のすべての生物は、〝生命の家族〟なのだ」という意識になれたとしたら、地球から戦争や争い、差別、いじめはなくなります。地球の環境破壊もなくなるはずです。地球という家に住む、「生命の家族」の全員が住みやすいようにと、みんなで考え努力し、大変な思いをしている家族がいたら手を差し伸べて共に通るはずです。
私たち一人ひとりが「大自然の事実」に沿った生き方を実行すれば、『大親神大生命』の生命の家族が住む、喜び・感動にあふれた惑星へと発展していくのです。『大親神大生命』の直接のお授けは、魂が震えるほどの感動があります。「生命の大親」からの御親愛にあふれたお授けだからです。

この本で書かれていることは、私たちが理解した範囲ですので、申し訳ないことに、直接のお授けの何億分の一もお伝えすることはできません。この本を読んで下さった方には、ぜひ『大親神大生命』の直接のお授けを頂いていただけたらと思います。お授けの一部がYouTubeで公開されております。URLはプロフィール欄をご参照下さい。

『大親神大生命』の貴き親理のお授けを頂き、至らない私たちですが、地球が生存の喜びと感謝に満ちあふれた惑星になりますようにと、活動させて頂いております。

宗教・宗派、人種・民族を超えた大いなる大自然の真理法則をベースにした生き方を、一緒に実践してみませんか。

『大親神大生命』の大いなる生命のお力・お働きによって全生物が生存の味わいと喜びを頂けていることに親感謝させて頂いて、地球が素晴らしい惑星に生まれ変わることを願い、日々祈らせて頂いております。

『大親神大生命』の素晴らしい御縁をあなたが頂けますように。

——大自然界——

大自然の大いなる意志・御心＝大自然の摂理・真理法則を学び、大自然の大いなる生命の営みに感謝し、大自然の摂理・真理法則に沿って、より価値のある素晴らしい人生を生きるための会です。

日本では1975年からお授けが始まりました。


現在の地球には万人に普遍共通の心の価値基準がありません。それぞれの人種・民族・宗教・宗派がそれぞれの考えや判断で作りだした価値基準を互いに主張し、その違いにより対立し、殺し合っています。

地球人類が大自然の摂理・真理法則を学び、普遍的な価値基準を持つことが出来れば、世界は一つになり、地球上から戦争や対立・争いは無くなります。

お互いに支え合い、助け合い、人類全体・地球全体のために全員がプラスをし合って生きる、素晴らしい世界となるための活動をしています。

公式のYouTubeでお授けの一部を公開しています。
https://m.youtube.com/@daishizenkai

詳しい活動内容は、公式ホームページをご覧下さい。
https://daishizenkai.or.jp/

デザイン　池田進吾（next door design）

大《だい》自《し》然《ぜん》の大《おお》いなる生命《いのち》の大親《おおおや》

2024年（令和6年）3月30日　第1刷発行

著　者　大《だい》自《し》然《ぜん》界《かい》

発行者　堺 公江

発行所　株式会社講談社エディトリアル
郵便番号　112-0013
東京都文京区音羽1-17-18 護国寺SIAビル6階
電話 代表：03-5319-2171
販売：03-6902-1022

印刷・製本　株式会社KPSプロダクツ

N.D.C.918.68 263p 19cm　2024, Printed in Japan
ISBN978-4-86677-143-4